Inhaltsverzeichnis

Vorwort

An wen wendet sich diese Lernhilfe?

Dieses Buch ist für Schülerinnen und Schüler der Sekundarstufe II gedacht, die den Umgang mit literarischen Texten im Französischen systematisch einüben wollen. Es bietet Ihnen einen Leitfaden für die Bearbeitung literarischer Texte, so wie sie in Klausuren und im Abitur verlangt wird. Die Darstellung ist bewusst einfach und verständlich gehalten. Sie trainiert Fertigkeiten und Kenntnisse, die sowohl in Leistungskursen als auch Grundkursen bundesweit gefordert werden.

Da jeder der drei Teile zu den Gattungen Prosa, Drama und Lyrik unabhängig von den anderen konzipiert ist, kann diese Lernhilfe auch gezielt für die jeweils anstehende Thematik eingesetzt werden. In einer Übungsklausur zu jeder Gattung können Sie selbst überprüfen, wie gut Sie für den „Ernstfall" gerüstet sind. Die ausführlichen Lösungsvorschläge im Anhang zeigen Ihnen, wie ein gutes Ergebnis aussehen könnte. Die Lösungen sind in einem verhältnismäßig einfachen Französisch verfasst, sodass sie Ihnen als echte Vorlage für die eigene Textproduktion dienen können. Hinweise, Tipps und Zusammenfassungen begleiten und unterstützen Sie bei der Bearbeitung.

Und so ist diese Lernhilfe aufgebaut

Wie bereits erwähnt, werden die drei Gattungen in jeweils einem Block behandelt:

1 Les textes narratifs
2 Les textes dramatiques
3 Les textes poétiques

Erzählende Texte und Dramen werden in Kursen am häufigsten gelesen und nehmen deshalb in dieser Lernhilfe den größten Raum ein. Da jede Gattung unabhängig von den anderen behandelt wird, können Sie praktisch an jeder Stelle des Buches einsteigen und da üben, wo Sie es für nötig halten.

Die Lernhilfe beginnt mit einer sehr knappen Darstellung der literarischen Epochen. Sie soll einer ersten Orientierung dienen und Ihnen die schnelle Einordnung der Texte und Autoren ermöglichen. Oftmals sind diese Informationen auch für eine Interpretation hilfreich.

Dem folgt ein *vocabulaire de base*. Es bietet Ihnen, wie der Name schon sagt, den Grundwortschatz für die Interpretation von Texten der jeweiligen Gattung.

Im *première approche* werden die ersten Schritte zur Erschließung des Textes gemacht. Am Ende jedes Arbeitsschrittes werden die Ergebnisse zusammengefasst, sodass Sie immer wissen, wo Sie sich gerade befinden.

Im zweiten Schritt geht es an die *compréhension* und an das *résumé* eines Textes. Hier trainieren Sie, den Inhalt eines literarischen Textes wiederzugeben.

Der dritte Schritt schließlich zeigt Ihnen verschiedene „Techniken", wie Sie zu einem vertieften Verständnis des Textes gelangen können.

In der abschließenden Übungsklausur können Sie dann Ihren Lernfortschritt selbst überprüfen. Wenn Sie dann keine Schwierigkeiten mehr haben, können Sie der nächsten Klausur gelassen entgegenblicken.

Zur Textauswahl

Die ausgewählten Textauszüge entsprechen in Länge und Schwierigkeitsgrad dem, was in Klausuren auf Sie zukommt. Auch die Auswahl der Autoren und Werke richtet sich nach der Schulpraxis und bevorzugt häufig gelesene Texte von *Sartre, Camus, Maupassant.* Zur Abwechslung finden sich aber auch einige nicht so gängige Beispiele, die in wenigen Jahren aber vielleicht schon zu „Klassikern" aufgestiegen sein werden.

Zu den Übungen

Die große Zahl der *devoirs* mag auf den ersten Blick bedrohlich wirken. Doch keine Sorge, viele der Übungen sollen Sie nur auf die richtige Fährte bringen. Oft müssen Sie nur zwischen verschiedenen Möglichkeiten die richtige auswählen oder einige Stichwörter und kurze Sätze schreiben.

Bei allen möglichen Problemen und Fragen bekommen Sie Hilfestellung in den *Comment s'y prendre*. Für diejenigen, die noch einen Schritt weiter gehen möchten, finden sich Aufgaben zur kreativen Beschäftigung mit Texten, zum Teil auch etwas schwierigere oder ungewöhnliche Aufgaben, die als *devoir facultatif* mit * oder mit ** je nach Schwierigkeitsgrad gekennzeichnet sind.

Zur Sprache

Da die Klausuren und auch mündliche Prüfungen in der Zielsprache abgelegt werden, ist der gesamte Arbeitsteil auf Französisch gehalten. Dafür sind alle Hilfen *(Comment s'y prendre?)*, Einleitungen und Zusammenfassungen auf Deutsch geschrieben. Auch zu fast allen schwierigen Wörtern in den Texten ist eine deutsche Entsprechung hinzugefügt.

Autorinnen und Verlag wünschen Ihnen die beste Note im Französischen.

LES TEXTES NARRATIFS 1

Einige Vorbemerkungen zur Bearbeitung dieses Kapitels ...

Im folgenden Kapitel werden Sie sich ausschließlich mit erzählender Prosa beschäftigen und die wesentlichen Erschließungs- und Bearbeitungstechniken kennen lernen und einüben können. Allerdings muss ein Aufgabentyp aus Platzgründen entfallen: die Einordnung eines Textausschnitts in den Gesamtzusammenhang.
Dieses Kapitel ist so aufgebaut, dass wir relativ einfach beginnen und uns dann zu immer komplexeren Aufgaben vorarbeiten. So stehen anfänglich oberflächliche Textmerkmale im Vordergrund und am Schluss zeigen wir Ihnen, wie eine gelungene Interpretation aussehen könnte.
Une chose après l'autre ..., folgen Sie der Reihenfolge der *devoirs,* die teilweise aufeinander aufbauen. Damit Sie das Vokabular der Aufgabenstellung einüben können, sind alle Aufgaben auf Französisch gehalten – wie in Ihren Klausuren ja auch. *Comment s'y prendre?* gibt Ihnen jeweils auf Deutsch eine Hilfestellung zur Bearbeitung der Aufgabe. Aufgaben, die mit einem * (leicht) oder ** (schwierig) gekennzeichnet sind, sind fakultativ.
Im letzten Kapitel können Sie Ihren Lernfortschritt überprüfen: Sie finden dort einen Klausurtext, den Sie entweder wie in einer Abiturklausur oder mit *Comment s'y prendre*-Hilfestellung bearbeiten können.

EN BREF Petite note sur les époques littéraires

1 Le romantisme (~ 1802 – ~ 1835)

Le romantisme français est très influencé par l'Allemagne d'une part en ce qui concerne la poésie et l'exaltation (Verherrlichung) du «moi» et de la nature -reflétant l'âme et ses tourments (Qualen) et par l'Angleterre d'autre part (en ce qui concerne la re-découverte du Moyen Age, l'histoire, l'historiographie (die Geschichtsschreibung) et le roman historique. Les grands «lyriques» du romantisme, ce sont **Alphonse de Lamartine, Alfred de Musset** et **Victor Hugo,** les romanciers, ce sont **Victor Hugo** *(Notre-Dame de Paris, Les Misérables),* **Alexandre Dumas** *(Les Trois mousquetaires)* et **Prosper Mérimée** *(Carmen).* L'intérêt que portent les romantiques à l'histoire est très marqué par leur perspective personnelle: ils veulent faire revivre l'histoire et ne jugent pas toujours nécessaire de respecter la vérité historique.

2 Le réalisme (~ 1850 – ~1870)

Les réalistes cherchent à rendre «le réel» d'une façon aussi véridique (wahrheitsgetreu) que possible. Leur art se fonde sur une observation quasi-scientifique de la réalité, de l'interaction (Wechselwirkung) entre l'homme et son milieu, tout ce qui l'entoure. Ainsi le regard «extérieur» du narrateur tend (dazu tendieren) à disparaître: les paysages, les objets etc. reflètent les états d'âme, et le caractère des hommes qui s'y trouvent et qui s'en servent. Les grands romanciers réalistes sont **Gustave Flaubert** *(Madame Bovary, L'Education sentimentale),* les frères **Goncourt, Guy de Maupassant.** Ce dernier est un «disciple» (Schüler) de Flaubert et se classe entre le réalisme et le naturalisme.

3 Le naturalisme (~ entre 1850 et 1887)

Le naturalisme tâche d'abord de perfectionner le réalisme en ce qui concerne son observation scientifique de la réalité: **Zola,** le théoricien du naturalisme, lie l'analyse sociologique *(l'homme est déterminé par son milieu)* aux lois sur l'hérédité (Vererbung) *(l'homme est déterminé par sa race).* Les naturalistes s'intéressent davantage au peuple et le font parler dans son langage. Le souci scientifique pousse les naturalistes à s'intéresser aux cas extrêmes: aux alcooliques, aux prostituées, à la misère la plus extrême, et ils ont par le choix de leurs sujets et par leur langage très cru (derb) souvent choqué le public. Auteurs: **Emile Zola** *(Germinal, Nana, La Bête humaine),* **Guy de Maupassant** (voir note biographique).

4 L'existentialisme (~ 1940 – ~ 1965)

Le mouvement existentialiste s'explique en quelque sorte par l'expérience de la guerre et l'instabilité de toutes les valeurs. Les romanciers s'interrogent sur le sens de la vie et découvrent l'absurdité de la condition humaine (das menschliche Leben). A ce sentiment d'absurdité, ils opposent d'une part la solidarité humaine, l'acceptation du monde et des hommes **(Saint-Exupéry, Camus),** d' autre part la responsabilité totale de l' homme face à ses actes (Taten) **(Sartre).** Les auteurs sont **Albert Camus** *(La Peste, l' Etranger, Le Mythe de Sisyphe),* **Jean-Paul Sartre** *(Les Mouches, Huis clos, L'être et le néant, Les Mains sales).*

5 Les tendances actuelles (à partir de 1960)

Difficile de saisir l'essentiel d'une époque dont on est soi-même témoin! Notons cependant que la production littéraire est énorme et que les jurys des prix littéraires (Goncourt, Fémina, Interallié ...) ont le choix entre des dizaines et des dizaines de romans. A côté d'une écriture qui s'inspire du journalisme: vive, efficace, polémique ..., on retrouve aussi une écriture traditionnelle qui connaît toujours beaucoup de succès, parmi les auteurs qui ont su s'imposer depuis quelques années, citons: **Patrick Modiano, Michel Déon, Bernard Clavel, Christiane Rochefort, Philippe Sollers** et surtout **Michel Tournier** et **Gustave Le Clézio.** Il faut souligner que désormais (von nun an) la littérature française est devenue la littérature d' expression française, donc une littérature francophone: p.ex. **Tahar Ben Jelloun** (du Maghreb), **Marguerite Yourcenar** (de Belgique), **Albert Cohen** (de Suisse romande) ...

Vocabulaire de base

1. Les genres (m) épiques — epische Textsorten

Le roman: genre narratif long en prose
Le conte: récit bref d'événements imaginaires
La nouvelle: récit bref qui a un caractère vraisemblable
raconte un seul événement, un seul conflit, se termine souvent par une fin rapide, ouverte, parfois surprenante

2. L'auteur et ses modalités de narration

Le romancier

Le narrateur — der Erzähler

- ***hors de l'histoire*** — außenstehend
  voir Maupassant, *La Parure*, p. 36
  Les faits semblent se raconter d'eux-mêmes.
  Le narrateur ne joue pas de rôle précis dans l'histoire
- ***Le narrateur-personnage*** — personaler Erzähler
  voir Camus, *L'Etranger*, p. 43
  Le héros rapporte l'aventure qu'il a vécue,
  voir Vercors, *Le Silence de la mer,* p. 27

Les points (m.) de vue(f) narratifs

- ***point de vue omniscient*** — allwissende Erzählperspektive
  voir Balzac, *Eugénie Grandet,* p. 31
- ***point de vue interne*** — „innere" Erzählperspektive
  faits vus par un personnage bien précis
  voir Vercors, *Ce jour-là,* p. 16
- ***point de vue externe*** — Erzählperspektive von „außen"
  N'est décrit et raconté que ce qui peut être vu de l'extérieur
  (point de vue purement objectif)

L'auteur choisit un narrateur
une perspective par laquelle …
un point de vue

Il souligne	
met en relief	betonen
insiste sur	hervorheben
met l'accent sur	herausstellen
Il décrit avec exactitude	mit Genauigkeit beschreiben
peint minutieusement	minutiös schildern
retrace	nachzeichnen
trace le portrait de	das Porträt
fait le portrait d'un personnage	entwerfen
parle de son aspect extérieur,	sein Äußeres
son physique, son apparence,	sein Aussehen
sa condition sociale	seine gesellschaftliche Stellung
son comportement	sein Verhalten
son attitude	seine Haltung
ses traits de caractère	seine Charakterzüge
Il expose ses idées sur	Ideen darlegen
illustre	veranschaulichen
fait une analyse minutieuse sur	minutiös untersuchen
examine qc sous différents aspects	unter verschiedenen Aspekten untersuchen

3. Comment parler d'un texte?

Les parties intégrantes du texte	Bestandteile des Textes
L'introduction (f), l'exposition (f)	
Le développement	der Hauptteil
Le point culminant	der Höhepunkt
Le conflit, la crise	
Le tournant	der Wendepunkt
Le dénouement	die Auflösung
Les caractéristiques (f) du texte	Merkmale
Il traite un sujet	Thema behandeln
aborde le thème de	Thema anschneiden
Il se divise en … paragraphes (m)	sich gliedern in
parties (f)	
descriptives	in beschreibende und
narratives	erzählende Teile

se compose de	bestehen aus
comprend des dialogues (m.)	enthalten
contient	umfassen
des indications relatives	
au lieu	Ortsangaben
au temps	Zeitangaben
au milieu	
Cela correspond à	entsprechen
s'accorde avec	passen zu

4. Comment analyser et interpréter un texte?

Les figures (f) de style (m)	Stilmittel
Une antithèse, une structure antithétique	
Une répétition	eine Wiederholung
Une énumération	eine Aufzählung
Un rythme ternaire	ein Dreierrhythmus
répétition de trois éléments ou mouvements	
voir Maupassant, *La Parure,* p. 36	
Exemple: … *aucun moyen d'être connue, comprise, aimée …*	
Une gradation	eine Steigerung
Une accumulation	eine Anhäufung
Une allusion à, faire allusion à	eine Anspielung
Une comparaison, établir une ~	einen Vergleich ziehen
Une image	
voir voc. de base Textes Poétiques	
Un symbole, être le symbole de	
Une métaphore exprime	
traduit	zum Ausdruck bringen
renforce	verstärken
Ces figures de style peuvent souligner	unterstreichen
le caractère humoristique	
le ton ironique	
froid	
drôle	
triste	
polémique	

Cette expression	
Cette notion évoque	
Ce mot donne une impression de	
Ce terme implique l'idée de	Idee mit einschließen
Le style peut être:	
poétique	
sobre	nüchtern
imagé	reich an Bildern
descriptif	
engagé	
emphatique	
surchargé	überladen
vivant	

1.1 Première approche d'un texte narratif

Erster Zugang zu einem narrativen Text

Als Beispiel geben wir Ihnen einen Text vor, den Sie zunächst gründlich lesen sollten. Dann beginnen Sie, die Arbeitsaufträge *(devoirs)* zu bearbeiten. Die Arbeitsaufträge sind gleichzeitig der Leitfaden für die Erschließung eines Textes. Sie helfen Ihnen:

- die Erwartungen nach Lektüre des Titels zu formulieren,
- das Textverständnis zu überprüfen und die Textstruktur zu erfassen,
- ein *résumé* anzufertigen
- und den Text anhand wichtiger Gestaltungsmittel zu analysieren.

Vercors, Ce jour-là

Texte 1

Note biographique

Vercors (1902–1991)
Jean Bruller est né à Paris, en 1902. Il entre, pendant la Seconde Guerre mondiale, dans la Résistance sous le pseudonyme de Vercors.
Il réunit quatre nouvelles *Le Silence de la mer, Ce jour-là* (paru clandestinement en 1943), *La Marche à l'étoile* et *L'Imprimerie* en un recueil intitulé *Le Silence de la mer.* Cet ouvrage qui raconte des épisodes de l'Occupation allemande connaît une célébrité mondiale. C'est en 1941 que *Le Silence de la mer* aurait dû être publié mais la Gestapo a perquisitionné (Haussuchung vornehmen) chez l' imprimeur. Les deux responsables sont arrêtés et fusillés en mai 1942. Vercors décide de monter sa propre maison d'éditions clandestine, Les Editions de Minuit.

Devoir 1:
Après avoir lu le titre *Ce jour-là,* à quoi le lecteur s'attend-il? Analysez les éléments du titre!

Devoir 2:
a) Lisez les premières lignes du récit!
Le petit garçon mit sa petite main dans celle de son père sans s'étonner. Pourtant il y avait longtemps, pensait-il. On sortit du jardin. Maman avait mis un pot de géranium à la fenêtre de la cuisine, comme chaque fois que Papa sortait. C'était un peu drôle.

b) Choisissez une des hypothèses notées ci-dessous et cochez la réponse qui vous semble la plus convaincante!
La mère du petit garçon met un pot de géranium à la fenêtre pour la raison suivante:

a) Papa sort le matin, il ne fait plus trop froid et on peut alors placer cette plante dehors …

b) Elle signale à quelqu'un que son mari est parti, elle a peut-être un amant et personne n'a le droit de le savoir.

c) Cela indique qu'il n'y a pas de danger, son mari peut donc au retour de la promenade revenir sans danger. Si le géranium est parti, cela signale un danger, une menace.

d) Mettre un géranium à la fenêtre. C'est un geste très banal. Il n'est pas nécessaire d'y réfléchir.

Le petit garçon mit sa petite main dans celle de son père sans s'étonner. Pourtant il y avait longtemps, pensait-il. On sortit du jardin. Maman avait mis un pot de géranium à la fenêtre de la cuisine, comme chaque fois que papa sortait. C'était un peu drôle.
Il faisait beau, – il y avait des nuages, mais informes et tout *effilochés,* on n'avait pas envie de les regarder. Alors le petit garçon regardait le bout de ses petits *souliers* qui chassaient devant eux les *graviers* de la route. Papa ne disait rien. D'habitude il se fâchait quand il entendait ce bruit-là. Il disait «Lève tes pieds!» et le petit garçon levait les pieds, un moment, et puis *sournoisement* il recommençait petit à petit à traîner, un peu exprès, il ne savait pas pourquoi. Mais cette fois papa ne dit rien, et le petit garçon cessa de traîner ses *semelles.* Il continuait de regarder par terre: ça l'inquiétait que papa ne dît rien.
[…] Plus loin la route tournait, on verrait *la Grande Vue,* sur le Grésivaudan, le grand rocher qui tombe *à pic,* et là-dessous tout en bas les tout petits arbres, toutes petites maisons, les routes comme des *égratignures,* l'Isère qui *serpente* sous une brume légère, légère. On s'arrêterait et on regarderait. Papa dirait: «Regarde le petit train», ou bien: «Tu vois la petite tache noire, là, qui bouge sur la route? C'est une auto. […]

zerrissen
Schuhe
Kieselsteine
tückisch
Sohlen
Aussichtspunkt
steil
Kratzer
sich schlängeln

Mais papa regarda distraitement la Grande Vue et ne s'arrêta même pas. Il tenait la petite main de son petit garçon bien serrée dans la sienne. [...]

Un peu plus loin il y avait le rocher de pierre carrée. On s'y asseyait d'habitude. Il se demanda si cette fois-ci on s'assiérait. Le rocher de pierre carrée s'approchait et le petit garçon se demandait si on s'assiérait. Il avait un peu peur qu'on se n'assît pas. Un petit peu peur, vraiment, de la vraie peur. Il tira doucement sur la main de son père quand ils furent tout près.

Heureusement papa se laissa tirer et ils s'assirent. Ils ne dirent rien, mais souvent, assis sur cette pierre, papa ne disait rien. [...] La seule chose pas naturelle c'était que papa ne quittait toujours pas la petite main. D'habitude, ici, papa la lâchait, sa main, et le petit garçon, qui n'aimait pas rester assis bien longtemps, grimpait sous les arbres ... [...]

Ils restaient assis et le petit garçon ne bougeait pas du tout. [...]

Mais, de ne pas bouger, il eut de nouveau un peu peur. Oh! pas beaucoup, un peu seulement, un tout petit peu, comme quand on est couché et qu'on entend craquer des choses dans le noir, mais qu'on entend aussi papa et maman qui parlent dans leur chambre. Il était content que papa lui tînt la main, parce qu'ainsi on a moins peur, mais comme il avait peur justement parce que papa lui tenait la main ... alors le petit garçon, pour la première fois pendant une de ces promenades, aurait bien voulu revenir à la maison.

Comme si son père l'avait entendu il se leva, le petit garçon se leva, se demandant si l'on rentrerait ... [...]

Tout en haut le sentier tournait un peu, et redescendait de l'autre côté de la colline. De tout en haut on verrait la maison. On la voyait très bien. Ce qu'on voyait le mieux c'était la fenêtre de la cuisine, avec le pot de géranium tout vert et orange dans le soleil, et maman était derrière mais on ne la voyait pas.

Mais papa devait être fatigué, parce qu'avant d'arriver en haut, il s'assit. D'ordinaire on ne s'asseyait jamais sur ce tronc d'arbre. Il s'assit et attira son petit garçon entre ses genoux. Il dit: «Tu n'es pas fatigué?» – «Non», dit le petit garçon. Papa souriait, mais c'était d'un seul côté de la bouche. Il lui caressait les cheveux, la joue. Il respira très fort et dit: «Il faut être très, très sage avec ta maman», et le petit garçon fit oui de la tête, mais il ne trouva rien à dire. «Un bon petit garçon», dit encore papa, et il se leva. Il prit son petit garçon sous les *aisselles* et il le souleva jusqu'à son visage et l'embrassa deux fois sur les deux joues, et il le remit par terre et dit d'une voix ferme: «Allons». Ils se remirent en route. Ils arrivèrent en haut et on vit le mur du jardin, les deux *mélèzes,* la maison, la fenêtre de la cuisine.

Achseln

Lärche

Le pot de géranium … il n'y était plus.

Le petit garçon vit tout de suite que le pot de géranium n'était plus à la fenêtre de la cuisine. Papa aussi, sûrement. Parce qu'il s'arrêta en serrant la petite main dans la sienne, plus fort que jamais, et il dit: «Ça y est, je m'en doutais.»

Il restait immobile, à regarder, regarder, en répétant: «Bons dieux, comment ai-je pu … puisque je le savais, puisque je le savais …»

[…] L'enfant est alors confié à une vieille dame et apprend en écoutant une conversation que son père aurait essayé de rejoindre sa femme à la gare. L'enfant comprend qu'il s'est passé quelque chose de grave et pleure.

(Vercors, Ce jour-là, Le livre de poche, Albin Michel n°. 25, 1995, S. 63–70)

Devoir 3:

Relisez la nouvelle *Ce jour-là* et répondez aux questions.
Vous trouverez toutes les réponses dans le texte!

1. Où a lieu l'action?
2. En quoi le comportement du père est-il différent?
3. Qui raconte l'histoire?

Devoir 4:

Faites le plan du texte.

Comment s'y prendre?

Gliedern Sie den Text in drei oder vier verschiedene Abschnitte und geben Sie jedem Abschnitt Ihrer Gliederung eine Überschrift (ein Wort oder einen knappen Satz)!

Devoir 5:

Après avoir fait le plan du texte, vous pouvez passer au résumé. Si vous respectez l'ordre de votre plan (voir devoir 4), vous pouvez déjà écrire un résumé très bref.

a) Lisez l'exemple d'un résumé très court.
Un petit garçon constate au cours d'une promenade que son père n'est pas comme d'habitude. Sur la route du retour, le père et le fils remarquent l'absence du pot de géranium placé par la mère devant la fenêtre juste avant le départ pour la promenade.

b) Si on tient compte des règles notées ci-dessous, on remarque que des détails importants manquent dans cet exemple de résumé très bref. Complétez ce résumé proposé.

Comment s'y prendre?

Was sollen Sie tun?	**Was nicht?**
★ in einem Satz das übergeordnete Thema formulieren	● Sätze oder Satzteile abschreiben und die direkte Rede verwenden
★ die Reihenfolge der Erzählschritte beachten und die wichtigsten Informationen wiedergeben	● alle Einzelheiten ungeordnet übernehmen
★ einen einfachen, sachlichen und klaren Stil verwenden	● eine persönliche Stellungnahme abgeben
★ in der 3. Person Singular im Präsens schreiben	● in der 1. Person Singular, im Präteritum oder Perfekt schreiben
★ alle unwichtigen Einzelheiten weglassen. Das *résumé* darf nicht mehr als ein Drittel des Originaltextes umfassen.	

Devoir 6:

Après avoir analysé le titre et le premier paragraphe, essayez de relever quelques expressions qui illustrent une opposition entre les jours habituels et aujourd'hui.
Dégagez la structure antithétique du récit en complétant la grille ci-dessous.

Comment s'y prendre?

d'habitude	aujourd'hui
D'habitude il se fâchait quand il entendait ce bruit-là.	*Papa ne disait rien.*

Devoir 7:

a) Comparez l'extrait ci-dessous de la version originale avec celui que nous avons rédigé en choisissant la perspective du père. Quelles sont les différences? Soulignez-les dans la version originale.

EXTRAIT: VERSION ORIGINALE

Alors le petit garçon regardait le bout de ses petits souliers qui chassaient devant eux les graviers de la route. Papa ne disait rien. D'habitude il se fâchait quand il entendait ce bruit-là. Il disait: «Lève tes pieds!» et le petit garçon levait les pieds, un moment, et sournoisement il recommençait petit à petit à les traîner, un peu exprès, il ne savait pas pourquoi. Mais cette fois papa ne dit rien, et le petit garçon cessa de trainer ses semelles. Il continua de regarder par terre: ça l'inquiétait que papa ne dît rien.

NOUVELLE VERSION

Mon petit garçon regardait le bout de ses petits souliers qui chassaient devant eux les graviers de la route. Cette fois-ci, je ne disais rien, je n'y prêtais pas attention, je n'avais pas la force de me fâcher et de lui dire de lever les pieds. Je ne disais rien car j'étais trop préoccupé par le danger qui nous menaçait, j'essayais de cacher ma peur. Je craignais qu'il ait remarqué mon angoisse. Que lui dirais-je s'il me pose des questions?

b) Pourquoi Vercors a-t-il choisi la perspective du petit garçon?

c) «Ça l'inquiétait que papa ne dît rien». Voir page 16, lignes 16 Quelles sont les questions que l'enfant (et le lecteur) pourraient-ils encore se poser? Formulez-les, regroupez-les et répondez-y.

Comment s'y prendre?

Um das Verhalten des Vaters besser zu verstehen, stellen Sie Fragen, die sich das Kind im Laufe der Erzählung stellen kann! Zum Beispiel:

Pourquoi ne joue-t-il pas avec moi?

Pourquoi ne parle-t-il pas? etc. …

Devoir 8:

a) Cherchez les figures de style proposées ci-dessous dans l' extrait suivant, soulignez les parties de texte et nommez les figures de style respectives (jeweilig).

b) Quelle est à votre avis leur fonction?

Extrait du texte *Ce jour-là*

Pourtant, il y avait longtemps, pensait-il.
On sortit du jardin. Maman avait mis un pot de géranium à la fenêtre de la cuisine comme chaque fois que Papa sortait. C'était un peu drôle. Il faisait beau ...
On s'arrêterait et on regarderait. Papa dirait ... Il avait un peu peur qu'on ne s'assît pas. Un petit peu peur, vraiment, de la vraie peur. Il tira doucement sur la main de son père ...
Ils arrivèrent en haut et on vit le mur du jardin, les deux mélèzes, la maison, la fenêtre de la cuisine.

Comment s'y prendre?

Als Hilfe sind hier noch einige Stilfiguren zu finden (voir vocabulaire de base, page 11/12)

- *le monologue intérieur*
- *les changements de temps des verbes*
- *les répétitions*
- *les symboles*
- *les gradations*
- *les énumérations*
- *la parataxe = manque de lien entre les phrases*

** Devoir facultatif:

Ecrivez une courte interprétation en tenant compte de la note biographique sur Vercors (voir page 15)

Résultats principaux

1. Titel: Überprüfen Sie die sprachliche Form des Titels (Frage, Aussage, adverbiale Bestimmung des Ortes, der Zeit usw.) und die inhaltliche Information, die im Titel enthalten ist! So können Sie schon bestimmte Erwartungen bezüglich des Themas der Geschichte formulieren, die Sie später überprüfen werden.

2. Résumé: Skizzieren Sie den Aufbau des Textes, indem Sie jeden erkennbaren Textabschnitt in einem Satz und in eigenen Worten zusammenfassen. Sobald Sie die Geschichte verstanden haben, können Sie die logische Verknüpfung der Abschnitte erarbeiten. Ein *résumé* wird in einem sachlichen und nüchternen Ton geschrieben, enthält keine direkte Rede und wird im Präsens verfasst.

3. Erzählperspektive: Wie Sie an diesem Text deutlich erkennen konnten, kommt der Analyse der Erzählperspektive für die Erschließung eines narrativen Textes eine besondere Bedeutung zu. Die Entscheidung für die „Innenperspektive" (personaler Erzähler, das heißt, die Sicht einer an der Handlung beteiligten Person) bedeutet, dass der Leser sich identifizieren und mitfühlen kann. Die Entscheidung für die „Außenperspektive" schafft Distanz zum Erzählten und soll Nachdenken ermöglichen.

1.2 Compréhension et portrait

Textverständnis und Charakteristik

Im zweiten Schritt werden Sie weitere Erschließungsverfahren kennen lernen: Sie werden Erwartungen formulieren, das Textverständnis überprüfen und Personen charakterisieren.

Devoir 9:

a) Lisez le titre *La Belle et la Bête.* Quels sont les clichés qu'on associe spontanément à a) une ‹Belle› et b) une ‹Bête›?

b) Examinez le titre. Quelles figures de style Mme Leprince de Beaumont utilise-t-elle?

Maintenant lisez le texte:

Madame Leprince de Beaumont, *La Belle et la Bête*

Texte 2

Un riche marchand a trois filles dont deux sont très vaniteuses (eitel) et méchantes. La troisième qui s'appelle Belle est très gentille et elle a bon caractère. Un jour, le marchand doit partir en voyage d'affaires. Les deux sœurs exigent qu'il leur rapporte toutes sortes de cadeaux alors que la Belle ne lui demande qu'une rose. Malheureusement, il cueille cette rose dans le jardin d'un château ensorcelé (verzaubert). Le maître du château, un vilain (furchtbar) monstre, tient beaucoup à ces roses et il veut que la Belle se rende au château. Lorsqu'elle y arrive, elle constate que quelqu'un semble avoir attendu son arrivée. Tout est prêt pour l'accueillir.

Le soir, comme elle allait se mettre à table, elle entendit le bruit que faisait la Bête et ne put s'empêcher de *frémir*.

frémir: *zittern*

– La Belle, lui dit ce monstre, voulez-vous bien que je vous voie *souper*?

souper: *zu Abend essen*

– Vous êtes le maître, répondit la Belle en tremblant.

– Non, reprit la Bête; il n'y a ici de maîtresse que vous; vous n'avez qu'à me dire de m'en aller si je vous ennuie, je sortirai tout de suite. Dites-moi: n'est-ce pas que vous me trouvez bien laid?

– Cela est vrai, dit la Belle, car je ne sais pas mentir; mais je crois que vous êtes fort bon …

La Belle soupa de bon appétit. Elle n'avait presque plus peur du monstre; mais elle manqua mourir de *frayeur* lorsqu'il lui dit:

– La Belle, voulez-vous être ma femme?

La Belle fut quelque temps sans répondre; elle avait peur d'*exciter* la colère du monstre en le refusant, elle lui dit pourtant en tremblant:

– Non, la Bête.

Dans le moment ce pauvre monstre voulut *soupirer,* et il fit un *sifflement* si *épouvantable*, que tout le palais *en retentit*; mais la Belle fut bientôt rassurée, car la Bête lui ayant dit tristement:

– Adieu donc, la Belle, sortit de la chambre en se retournant de temps en temps pour la regarder encore. La Belle, se voyant seule, sentit une grande *compassion* pour cette pauvre bête:

– Hélas, disait-elle, c'est bien dommage qu'elle soit si laide, elle est si bonne!

La Belle passa trois mois dans ce palais avec assez de tranquillité. Tous les soirs, la Bête lui rendait visite, l'*entretenait* pendant le repas avec assez de *bon sens,* mais jamais avec ce qu'on appelle *esprit* dans le monde. Chaque jour la Belle découvrait de nouvelles *bontés* dans ce monstre, l'habitude de le voir l'avait *accoutumée* à sa laideur, et, loin de craindre le moment de sa visite, elle regardait souvent à sa montre pour voir s'il était bientôt neuf heures; car la Bête ne manquait jamais de venir à cette heure-là. Il n'y avait qu'une chose qui faisait de la peine à la Belle, c'est que le monstre, avant de se coucher, lui demandait toujours si elle voulait être sa femme, et paraissait *pénétré* de douleur lorsqu'elle lui disait que non …

Angst
erregen
seufzen
Pfeifen/entsetzlich/
widerhallen
Mitleid
unterhalten
Vernunft/Verstand
Geist, Witz
Wohltaten
gewöhnt
erfüllt

(Mme Leprince de Beaumont/Mme Aulnoy: La Belle et la Bête et autre contes, Paris: Livre de poche 1979)

Devoir 10:

Relevez dans le texte tout ce qu'on apprend sur les deux protagonistes (Hauptpersonen) et classez vos résultats dans la grille (Tabelle, Raster) suivant le modèle donné.

la Belle est	**la Bête est**
sincère (puisqu'elle dit la vérité au monstre)	polie (puisqu'elle demande la permission à la Belle)
	sensible (puisqu'elle pousse un sifflement épouvantable lorsque la Belle refuse de l'épouser)
	a du bon sens, a bon cœur

Devoir 11:

Faites le portrait de la Belle.

Comment s'y prendre?

Plan d'un portrait:

1. Son physique et sa situation (si possible)
2. Ses réactions, son comportement
3. Conclusion: Son caractère (portrait moral)

Der folgende kurze Text kann Ihnen als Muster dienen:

1. La Bête, un monstre d'une laideur repoussante (abstoßend) est le maître tout-puissant d'un château ensorcelé. La Belle est entièrement livrée à sa merci (in seiner Gewalt). Le jour, la Bête ne se montre pas, mais le soir, elle fait son apparition (physique/situation).

2. Elle souffre de son physique repoussant et n'ose pas imposer sa présence plus souvent à la Belle. Elle lui demande poliment si elle peut s'asseoir à sa table et chaque soir, elle lui demande si la Belle veut l'épouser et quand celle-ci dit que non, la Bête est très triste. Elle ne se fâche pas, elle fait tout ce qu'elle peut pour rendre la vie de sa prisonnière plus agréable (réactions, comportement).

3. Elle ne correspond pas du tout à l'image d'un monstre qu'on s'imagine féroce, brutal et sans cœur. Elle respecte les décisions, le refus de la Belle, elle est polie, elle est bonne et elle raisonne (argumentieren) comme une personne intelligente *(portrait moral)*.

Devoir 12:

Ci-dessous vous trouvez un résumé qui ne respecte pas les «règles» du résumé. Essayez de le corriger en tenant compte des règles pour la rédaction d'un résumé. (voir page 19)

(1) La Belle est en train de souper lorsque la Bête arrive et lui demande: Voulez-vous bien que je vous voie souper? (2) La Belle a très peur, mais elle ne peut pas dire non. (3) Elle a encore davantage peur quand la Bête lui demande si elle veut l'épouser, mais comme elle est très sincère, elle lui dit qu'elle ne veut pas l'épouser. (4) Pendant des mois, tous les soirs à la même heure, la Bête apparaît et lui pose la même question. (5) Et quand la Belle dit qu'elle ne veut pas l'épouser, la Bête pousse un sifflement épouvantable dont tout le château retentit. (6) C'est un peu cruel de la part de la Belle de toujours répondre de la sorte, car au cours de son séjour au château, elle a pu découvrir les bontés du monstre. (7) Cet extrait de texte parle du séjour de la Belle au château et des relations entre la Belle et la Bête.

Devoir 13:

a) Relevez dans le texte les éléments typiques du conte de fée (Märchen). Complétez la liste:
– un château ensorcelé

– ....

b) Quelle est donc pour vous une suite possible pour ce conte? Donnez-en quelques éléments.

*** Devoir facultatif:*

Mme Leprince de Beaumont se consacra à l'éducation de jeunes filles nobles et publia un recueil de contes qui servaient à éduquer et à divertir ces jeunes filles. Quel pourrait être le message que Mme Leprince de Beaumont tente de transmettre aux jeunes filles à travers le personnage de la Belle? Vous pouvez vous servir de cette définition tirée du dictionnaire philosophique de Voltaire:

VERTU

Qu'est-ce que vertu? Bienfaisance (Wohltätigkeit) envers le prochain (Mitmensch). Je suis indigent (arm), tu es libéral (hier: großzügig); je suis en danger, tu me secours (helfen); je suis ignorant, tu me dis la vérité: on me néglige (vernachlässigen), tu me consoles; je suis ignorant, tu m'instruis (belehren). Le prudent se fait du bien, le vertueux en fait aux autres.

Vercors, *Le Silence de la mer*

Texte 3

L'histoire se passe en France sous l'Occupation allemande. Werner von Ebrennac, officier allemand et descendant d'huguenots (hugenottischer Abstammung), s'est installé dans la maison d'un vieux monsieur et de sa nièce. Pour montrer leur mépris et leur refus d'accepter cette situation, les deux ne lui parlent jamais. C'est l'oncle qui raconte cette histoire à la première personne.

Il ne venait pas absolument chaque soir, mais je ne me souviens pas d'un seul où il nous quittât sans avoir parlé. Il se penchait sur le feu et, tandis, qu'il offrait à la chaleur de la flamme quelque partie de lui-même, sa voix *bourdonnante* s'élevait doucement, et ce fut au long de ces soirées, sur les sujets qui habitaient son coeur, – son pays, la musique la France, – un *interminable* monologue; car pas une fois il ne tenta d'obtenir de nous une réponse, un *acquiescement* … [Mais un jour], son regard se porta sur le mien – que je détournai – [et dit]: Il y a un très joli conte pour les enfants, que j'ai lu, que vous avez lu, que tout le monde a lu. Je ne sais si le titre est le même dans les deux pays. Chez nous, il s'appelle: Das Tier und die Schöne, – la Belle et la Bête. Pauvre Belle! La Bête la *tient à merci,* – impuissante et prisonnière, – elle lui impose à toute heure son *implacable* et pesante présence […] La Belle est fière, digne, – elle s'est faite dure. […] Mais la Bête vaut mieux qu'elle ne semble. Oh, elle n'est pas très *dégrossie*! Elle est maladroite, brutale, elle paraît bien *rustre* auprès de la Belle si fine! […] Mais elle a du cœur, oui, elle a une âme qui *aspire* à s'élever. Si la Belle voulait! […] La Belle met longtemps à vouloir. Pourtant, peu à peu, elle décou-

bourdonnante: *brummend, tief*
interminable: *endlos*
acquiescement: *Zustimmung*
tient à merci: *in seiner Gewalt haben*
implacable: *unerbittlich*
dégrossie: *geschliffen*
rustre: *grobschlächtig*
aspire: *sich sehnen nach*

vre au fond des yeux du *geôlier haï* une lueur, – un reflet où peuvent se lire la prière et l'amour. Elle sent moins la *patte* pesante, moins les chaînes de sa prison. [...] Elle cesse de haïr, cette constance la touche, elle tend la main. [...] Aussitôt la Bête se transforme, le *sortilège* qui la maintenait dans ce *pelage* barbare est *dissipé*: c'est maintenant un chevalier très beau et très pur, délicat et cultivé, que chaque baiser de la Belle *pare* de qualités toujours plus rayonnantes. [...] Leur union détermine un bonheur sublime, leurs enfants, qui additionnent et mêlent les *dons* de leurs parents, sont les plus beaux que la terre ait portés ... N'aimiez-vous pas ce conte? Moi je l'aimais toujours. Je le relisais sans cesse. Il me faisait pleurer. J'aimais surtout la Bête, parce que je comprenais sa peine. Encore aujourd'hui, je suis *ému* quand j'en parle.» ...

Kerkermeister/ verhasster
Pfote
Zauber
Fell/verschwunden
schmücken
Gaben
gerührt

(Vercors, Extrait de: Le Silence de la mer, p. 30–34/Ed. Albin Michel, Paris)

Devoir 14:

Lisez cet extrait de texte et dites pourquoi ce conte porte le titre *Le Silence de la mer.* Cochez la phrase qui vous semble le mieux convenir (passen).

Ce conte s'intitule *Le Silence de la mer* parce que ...

a) le protagoniste se heurte à un silence qui fait penser à la mer.

b) la situation sous l'Occupation fait penser au silence qui annonce la tempête.

c) l'atmosphère qui y règne est à la fois calme et oppressante (bedrückend).

Devoir 15:
Werner von Ebrennac raconte le conte de fée que vous venez de lire. Comparez sa version du conte à la version originale:
a) Notez les différences entre les deux textes.

Werner von Ebrennac	**Mme Leprince de Beaumont**
La Bête tient la Belle à sa merci,	La Belle peut se promener au château
… est impuissante	La Bête: Vous êtes la maîtresse …

b) Quelle est l'attitude de Werner von Ebrennac face à ce conte de fée?

Devoir 16:
Passez à l'interprétation: Pourquoi Werner von Ebrennac raconte-t-il ce conte à la famille qui doit l'héberger?

Comment s'y prendre?

Berücksichtigen Sie alle Informationen, die Sie dem Text entnommen haben, und denken Sie an folgende Punkte:

– *La situation de Werner von Ebrennac*
– *le comportement de ses hôtes*
– *comment il transforme le conte*
– *sa manière de raconter le conte*

Devoir 17:
Formulez le message du conte *«Le Silence de la mer»* en intégrant les éléments donnés ci-dessous:

Le choix de la perspective \ — le message du conte — / La biographie de Vercors
|
Le choix du sujet

Comment s'y prendre?

Hier finden Sie Anregungen dafür, wie Sie die drei Untersuchungsaspekte für Ihre Interpretation nutzen können:

- *Le choix de la perspective: Un narrateur à la première personne: le vieux monsieur qui est touché par l'Occupation parle du comportement de l'occupant Werner von Ebrennac et relate* (wiedergeben) *ce que celui-ci fait et dit …*
- *Le choix du sujet: Sujet, «quotidien» à l'époque: l'hébergement d'un occupant allemand, la vie avec l'ennemi.*
- *Vercors: militant* (Kämpfer) *de la Résistance (voir note biographique page 15)*

Résultats principaux

1. Charakteristik: Ein Großteil der Aufgaben, die Sie in diesem Teilkapitel bearbeitet haben, beschäftigt sich mit einer Aufsatzart, die Sie in der Sekundarstufe I im Deutschunterricht kennen gelernt haben: der Charakteristik. Wie Sie gesehen haben, empfiehlt es sich, auch bei einer vergleichbaren Aufgabe im Französischen eine bestimmte Reihenfolge der Arbeitsschritte einzuhalten:
(1) die *äußeren Gegebenheiten* zusammenzufassen: Alter/Äußeres/Beruf/Lebensumstände/aktuelle Situation/ …
dann (2) das *Verhalten der Person in dieser Situation* nachzuzeichnen, um daraus Schlüsse auf *den Charakter* zu ziehen (3).

2. Textvergleich: Auch wenn dieser Fall (Text 2 zitiert Text 1) eher selten vorkommt: Hier konnten Sie bestimmte Besonderheiten und die Zielsetzung des Vergleichs erkennen. Texte werden verglichen, damit durch die Ähnlichkeiten, vor allem aber *die Unterschiede* im Umgang mit dem gleichen Thema die Besonderheiten/Aussageabsicht vor allem eines Textes herausgearbeitet werden können (s. auch: Textvergleich und *commentaire personnel* in 1.4).

3. Aussageabsicht herausarbeiten: Vor allem die Beschäftigung mit dem Vercors-Text hat Ihnen gezeigt, dass die Charakteristik nur ein erster Schritt zu einem umfassenden Verständnis des Textes ist. Nachdem Sie herausgearbeitet haben, mit welchen Mitteln ein Autor die Personen charakterisiert (durch wen, durch welches Verhalten der Personen, durch welche Erzählperspektive etc.), ergibt sich nun die Frage, welche Absicht er damit verfolgen könnte.

1.3 Portrait et analyse (Compréhension approfondie)

Literarisches Porträt und Textarbeit

Im folgenden Teilkapitel können Sie anhand von zwei Texten üben, das Verständnis des Inhalts und die Untersuchung der Personencharakterisierung mit der Formanalyse zu verbinden.

Note biographique

Honoré de Balzac (1799–1850)
Son **œuvre** se rattache au romantisme par sa volonté de tout dire, mais dans ses descriptions et dans son style apparaît aussi une dimension réaliste. Il a l'intention d'écrire une **histoire des mœurs**. Par la *Comédie humaine* il veut faire apparaître la totalité de la société: 2000 personnages dans 91 ouvrages. Pour Balzac, l' homme tout comme l'animal se définit par son comportement et par son physique. Il montre également les relations secrètes entre l'homme et son milieu: la description de l'environnement laisse souvent deviner (hier: erkennen) le caractère de l'individu.

H. de Balzac, *Eugénie Grandet*

Texte 4

Eugénie Grandet, fille d'un tonnelier (Fassbauer) très riche, mais d'une avarice (Geiz) maladive, vit modestement à Saumur. Un jour, son cousin Charles, un dandy (Stutzer) parisien, vient passer quelques semaines à Saumur. Eugénie est éblouie (geblendet) par son élégance, ses manières, son savoir-vivre et s'éprend (sich verlieben in) de lui.

«Je ne suis pas assez belle pour lui!» Telle était la pensée d'Eugénie, pensée *humble* et *fertile* en souffrances. La pauvre fille ne se rendait pas justice; mais la modestie, ou mieux la crainte est une des premières vertus de l'amour. Eugénie appartenait bien à ce type d'enfants fortement constitués, comme ils le sont dans la petite bourgeoisie, et dont les beautés paraissent vulgaires; mais, si elle ressemblait à la *Vénus de Milo*, ses formes étaient *ennoblies* par cette *suavité* du sentiment chrétien qui *purifie* la femme et lui donne une *distinction* inconnue aux sculpteurs anciens. Elle avait une tête énorme, le front masculin, mais délicat de *Jupiter de Phidias*, et des yeux gris auxquels sa *chaste* vie, en s'y portant tout entière, *imprimait* une lumière *jaillissante*. Les traits de son visage rond *jadis* frais et rose, avaient été grossis par *une petite vérole* assez *clémente* pour *n'y point* laisser de traces, mais qui avait détruit *le velouté* de la peau, néanmoins si douce et si fine encore que le pur baiser de sa mère y traçait passagèrement une marque rouge. Son nez était un trop fort, mais il s'harmoniait avec une bouche d'un rouge *minium*, dont les lèvres à mille *raies* étaient pleines d'amour et de bonté. Le cou avait une rondeur parfaite. Le *corsage bombé*, soigneusement voilé, attirait le regard et faisait rêver; il manquait sans doute un peu de grâce due à *la toilette*; mais pour les connaisseurs la non-flexibilité de cette haute taille devait être un charme. Eugénie, grande et forte, n'avait donc rien du joli qui plaît aux masses; mais elle était belle de cette beauté si facile à reconnaître, et dont s'éprennent seulement les artistes. Le peintre qui cherche ici-bas un type à la *céleste* pureté de Marie, qui demande à toute la nature féminine ces yeux modestement fiers *devinés* par *Raphael*, ces lignes *vierges*, souvent dues aux hasards de *la conception*, mais qu'une vie chrétienne et *pudique* peut seule conserver ou faire *acquérir*; ce peintre amoureux d'un si rare modèle, eût trouvé tout à coup dans le visage d'Eugénie la noblesse *innée* qui s'ignore, il eût vu sous un front calme un monde d'amour; et dans la coupe des yeux, dans l'habitude des paupières, le je ne sais quoi *divin* …

bescheiden/fruchtbar
Statue/veredelt/
Sanftheit/läutern
Vornehmheit
Statue/keusch
hier: verleihen
blitzend/einst
Windpocken/mild
(harmlos)/altertümlich: keine
Flaum
Mennige
Linie
sich wölbende Bluse
Kleidung
himmlisch
erahnt/ital. Maler
jungfräulich/Empfängnis/sittsam
erwerben
angeboren
göttlich

(Extrait de: Balzac, Eugénie Grandet, tome I, Nouveaux classiques Larousse, p. 98–99)

Devoir 18:

Regardez ces deux illustrations d' une jeune femme. Décrivez la jeune femme telle que les illustrations (1 + 2) la montrent.

Bild 1

Bild 2

Comment s'y prendre?

Die folgende Vokabelauswahl kann Ihnen bei der Personenbeschreibung helfen:

Ersten Eindruck wiedergeben: *avoir l'air jeune, gai, vieux, sympathique, antipathique, triste, sage, révolté, coquet, têtu, discipliné …, / être joli, laid, gracieux, disgracieux*

Gesicht (Form): *avoir le visage rond, oval, anguleux* (eckig), *allongé, poupon*

Stirn: *avoir le front large, bas, haut.* **Wangen:** *avoir les joues pleines, rondes, creuses.* **Nase:** *avoir le nez pointu, long, gros, retroussé* (Stups-). **Lippen:** *avoir les lèvres minces, épaisses, bien dessinées.* **Kinn:** *avoir le menton pointu, fuyant* (fliehend), *énergique.* **Augen:** *avoir les yeux en amandes, enfouis dans leurs orbites* (tiefliegend), *globuleux* (hervortretend), *bleus, noisette, gris, verts …* **Blick:** *avoir le regard perçant, triste, doux, rieur, intelligent, énigmatique …*

Haare: *avoir les cheveux noirs, marron, blonds, roux, longs, courts, relevés en chignon* (Knoten)

Devoir 19:
Lisez le texte, puis soulignez dans le texte tout ce que vous apprenez sur Eugénie.
a) son physique et
b) son caractère

Devoir 20:
Quelle illustration choisissez-vous pour illustrer cet extrait de texte?
Justifiez votre choix.

Devoir 21:
Faites un portrait d'Eugénie en respectant les règles du portrait.

Comment s'y prendre?

Beginnen Sie mit Eugénies Lebensverhältnissen, ihrem Alter, dem ersten Gesamteindruck.
Beschreiben Sie dann Eugénies Äußeres genauer: ihren Kopf, ihr Gesicht, ihre Stirn, ihre Augen, ihre Nase, ihre Wangen, ihre Haut, ihre Lippen, ihr Kinn, ihren Körper, d. h., folgen Sie der Blickrichtung eines imaginären Betrachters.
Im dritten Teil Ihrer Charakteristik erwähnen Sie, was der Leser aus diesen Einzelheiten für Eugénies Charakter ableiten kann.

Devoir 22:
Passez à l'analyse: Au début de cet extrait de texte, Eugénie dit «Je ne suis pas assez belle». Comment est-ce que le lecteur apprend qu'Eugénie se trompe?

Comment s'y prendre?

Lesen Sie den Text erneut und unterstreichen Sie alle Sätze, die eine Einschränkung formulieren (oft durch *mais* o. Ä. eingeleitet).

Devoir 23:
Le rôle du narrateur: Cherchez dans le texte les éléments qui montrent qu'il s'agit d'un narrateur omniscient (allwissend).

Comment s'y prendre?

Denken Sie daran: Ein allwissender Erzähler gibt Wertungen ab, kennt die Gedanken aller handelnden Personen, kann Vorgriffe auf Zukünftiges vornehmen …

Devoir 24:
A quelle sorte de lecteur le narrateur omniscient s'adresse-t-il? Dans quel but?

Comment s'y prendre?

Denken Sie an die vielen Anspielungen auf die Kunstgeschichte: Vergleiche mit der Venus von Milo, Werken von Raphael …

** Devoir facultatif:*
Eugénie est tombée amoureuse de son cousin. A votre avis – Eugénie telle que le narrateur la présente – sera-t-elle heureuse? Imaginez une fin.

Devoirs 25:
«Balzac montre les relations secrètes entre l'homme et son milieu: la description de l' environnement laisse souvent deviner le caractère d'un individu» (voir note biographique Balzac page 31).
Lisez ces petits extraits de texte d'Eugénie Grandet. Laquelle de ces descriptions sert à compléter le portrait d'Eugénie? Justifiez votre choix.

Comment s'y prendre?

Suchen Sie in den Textauszügen nach Schlüsselbegriffen *(mots-clés),* die auch zur Charakterisierung Eugénies verwendet wurden, z. B. um ihre Bescheidenheit, ihren besonderen Zauber … zu kennzeichnen.

a) Il se trouve dans certaines villes de province des maisons dont la vue inspire une mélancolie égale à celle que provoquent les cloîtres (Kloster) les plus sombres, les landes (Heideflächen) les plus ternes (eintönig) ou les ruines les plus tristes.
b) X … contempla la cour, le jardin étroit et les hautes terrasses qui le dominaient; vue mélancolique, bornée (beschränkt), mais qui n'était pas dépourvue (ohne etw. sein) des mystérieuses beautés particulières (typisch für) aux endroits solitaires (einsam) ou à la nature inculte (brachliegend).
c) Une porte battante (Windfangtür) garnie d'un grand carreau de verre ovale fermait ce couloir du côté de l'escalier, afin de tempérer le froid qui s'y engouffrait (eindringen). Mais en hiver … malgré les bourrelets (Dichtungsstreifen) mis aux portes de la salle, à peine la chaleur s'y maintenait-elle à un degré convenable.

Note biographique

Guy de Maupassant (1850–1893)
Son **œuvre:** Des contes surtout qui décrivent la vie des paysans normands ou des petits Parisiens. *Boule de suif (1880), la Maison Tellier (1881), Mademoiselle Fifi (1882), le Horla* (1887), et quelques romans: *Une vie* (1883), *Bel-Ami* (1885).
Sa vision du monde est très influencée par les idées pessimistes du philosophe allemand Schopenhauer. L'univers de ses contes est malheureux: il peint le monde tel qu'il le voit: infirme (verkrüppelt), limité, absurde. Le héros de M. est un être battu, écrasé (niedergeworfen) par la fatalité (unausweichliches Schicksal). Pour décrire son art, il parle *d'impassibilité* (Leidenschaftslosigkeit): Son œuvre se fonde sur une observation minutieuse. Selon lui, le poète doit donner de la vie une vision plus complète, plus saisissante (ergreifend), plus probante (wahrscheinlich) que la vie même.

Texte 5 — G. de Maupassant, *La Parure*

Cétait une de ces jolies et charmantes filles, nées, comme par une erreur du destin dans une famille d'employés. Elle n'avait pas de *dot*, pas d'espérances, aucun moyen d'être connue, comprise, aimée, épousée par un homme riche et distingué; et elle se laissa marier avec un petit *commis* du ministère de l'instruction publique. Elle fut simple ne pouvant être *parée*, mais malheureuse comme une déclassée; car les femmes n'ont point de race, leur beauté, leur grâce et leur charme leur servant de naissance et famille. Leur finesse *native*, leur instinct d'élégance, leur souplesse d'esprit, sont leur seule hiérarchie, et font des filles du peuple les égales des plus grandes dames. Elle souffrait sans cesse, se sentant née pour toutes les délicatesses et tous les luxes. Elle souffrait de la pauvreté de son logement, de la misère des murs, de *l'usure* des sièges, de la laideur des *étoffes*. Toutes ces choses, dont une autre femme de sa caste ne se serait même pas aperçue, la torturaient et l'indignaient … Elle *songeait* aux grands salons vêtus de *soie* ancienne, aux meubles fins portant des *bibelots* … Quand elle s'asseyait, pour dîner, devant la table ronde couverte d'une nappe de trois jours, en face de son

Mitgift
Angestellter
geschmückt
angeboren
Abnutzung
Stoffe
an etwas denken
Nippes

mari qui découvrait la soupière en déclarant d'un air enchanté: Ah! Le bon *pot-au-feu*! je ne sais rien de meilleur que cela ...! elle songeait aux dîners fins ... elle songeait aux plats exquis servis en des vaisselles merveilleuses, aux galanteries *chuchotées* et écoutées avec un sourire de sphinx, tout en mangeant *la chair* rose d'une *truite* ou des *ailes de gelinotte*. ... Or, un soir, son mari rentra, l'air glorieux et tenant à la main une large enveloppe. «Tiens, dit-il, voici quelque chose pour toi.» Elle déchira vivement le papier et en tira une carte imprimée qui portait ces mots: «Le ministre de l'Instruction publique et Mme Georges Ramponneau prient M. et Mme Loisel de leur faire l'honneur de venir passer la soirée à l'hôtel du ministère, le lundi 18 janvier.» ... Le jour de la fête arriva, Mme Loisel eut un succès. Elle était plus jolie que toutes, élégante, gracieuse, souriante et folle de joie. Tous les hommes la regardaient, demandaient son nom, cherchaient à être présentés. Tous les attachés du cabinet voulaient valser avec elle. Le ministre la remarqua. Elle dansait avec *ivresse*, avec *emportement*, *grisée* par le plaisir, ne pensant plus à rien, dans le triomphe de sa beauté, dans la gloire de son succès, dans une sorte de nuage de bonheur fait de tous ces *hommages*, de toutes ces admirations, de tous ces désirs éveillés, de cette victoire si complète et si douce au cœur des femmes. Elle partit vers quatre heures du matin. Son mari, depuis minuit, dormait dans un petit salon désert avec trois autres messieurs dont les femmes s'amusaient beaucoup. Il lui jeta sur les épaules les vêtements qu'il avait apportés pour la sortie, modestes vêtements de la vie ordinaire, dont la pauvreté *jurait* avec l'élégance de la toilette de bal. Elle le sentit et voulut s'enfuir, pour ne pas être remarquée par les autres femmes qui s'enveloppaient de riches *fourrures*.

Eintopf
geflüstert
Fleisch/Forelle
Flügel eines Haselhuhns
Trunkenheit
Schwung/berauscht
Huldigungen
in krassem Widerspruch stehen zu
Pelze

(Extrait de: Maupassant, La Parure/Contes et nouvelles/tome I, Nouveaux classiques Larousse p. 112–116)

Devoir 26:

Cet extrait de texte contient plusieurs parties bien distinctes. Donnez un titre à chaque partie.

Devoir 27:

Quel(s) portrait(s) vous semble(nt) le mieux résumer l'extrait du texte?

a) C'est une femme très belle et très sophistiquée (raffiniert) qui souffre de sa situation sociale, puisque – malgré son origine modeste (bescheiden) – elle se sent née pour autre chose et parce qu'elle possède un sens aigu (geschärft) de la beauté et du raffinement.

b) C'est une très belle femme qui ne rêve que d'une vie luxueuse. Comme elle est la femme d'un petit commis, ces rêves sont vains et la tourmentent beaucoup.

c) C'est une très jolie femme qui ne rêve que de luxe. Elle ne sait pas se contenter de ce qu'elle a et par conséquent, elle est toujours triste et mécontente et mène une vie très malheureuse.

d) C'est une femme très belle et douée d'un sens esthétique (mit einem Sinn für das Schöne ausgestattet) très développé. Par conséquent, elle remarque la laideur de son entourage. Mais elle reste passive: elle se laisse marier et elle ne fait que rêver au lieu de faire qc pour améliorer sa situation.

Devoir 28:

Relevez et analysez les figures de style qui soulignent:

a) l'ampleur (Umfang) du malheur de Mme Loisel

b) le contraste entre sa vie quotidienne et ses rêves

c) la portée (Tragweite) de son succès au bal

Comment s'y prendre?

Untersuchen Sie die Satzlänge, achten Sie auf Wiederholungen, auf Aufzählungen, auf Antithesen, Anaphern (s. a. vocabulaire de base, S. 13).

Devoir 29:

Lisez l'extrait suivant (Texte 6) qui est la fin de la nouvelle.

G. de Maupassant, *La Parure*

Texte 6

Or, un dimanche, comme elle était faire un tour aux Champs-Elysées pour se *délasser* des *besognes* de la semaine, elle aperçut tout à coup une femme qui promenait un enfant. C'était Mme Loisel Forestier, toujours jeune, toujours belle, toujours séduisante. Mme Loisel se sentit émue. Allait-elle lui parler? Oui, certes. Et maintenant, qu'elle avait payé, elle lui dirait tout. Pourquoi pas? [l'autre ne la reconnaît pas tout de suite]. «Oh! Ma pauvre Mathilde, comme tu es changée!» …

sich erholen/Arbeit, Plackerei

– Oui, j'ai eu des jours bien durs, depuis je ne t'ai vue; et bien des misères … et cela à cause de toi!

– De moi … Comment ça?

– Tu te rappelles bien cette *rivière* de diamants que tu m'as prêtée pour aller à la fête du ministère.

Halskette

– Oui. Eh bien?

– Eh bien, je l'ai perdue.

– Comment! Puisque tu me l'as rapportée.

– Je t'en ai rapporté une autre toute pareille. Et voilà dix ans que nous la payons. Tu comprends que ça n'était pas *aisé* pour nous, qui n'avions rien … Enfin c'est fini, et je suis rudement contente.

leicht

– Tu dis que tu as acheté une rivière de diamants pour remplacer la mienne?

– Oui. Tu ne t'en étais pas aperçu, hein? Elles étaient bien pareilles. Et elle souriait d'une joie *orgueilleuse* et naïve.

stolz

Mme Forestier, fort émue, lui prit les deux mains.

«Oh! ma pauvre Mathilde! Mais la mienne était fausse. Elle *valait* au plus cinq cents francs!»

wert sein

(a.a.O. S. 120)

Après avoir lu ce texte, répondez aux questions suivantes:

a) Qui est Mme Forestier?

b) Que s'est-il passé avec la rivière de diamants dont il est question dans le texte?

c) Qu'est devenue Mme Loisel, et pourquoi?

d) Qu'apprend – elle à la fin?

Devoir 30:
Analyse de texte: Comment vous expliquez-vous que le dialogue domine à ce point?

*** Devoir facultatif:*
Ecrivez un résumé de ce qui s'est passé entre les préparatifs du bal et la rencontre entre Mme Loisel et Mme Forestier.

Devoir 31:
Expliquez le choix du titre: *La Parure.* Pourquoi la nouvelle ne porte-t-elle pas le titre ‹Madame Loisel› par exemple?

Devoir 32:
Commentaire personnel: Commentez la phrase suivante: «Dans ‹La Parure›, le hasard se révèle être la force motrice (bestimmende Kraft) de l'existence humaine.» (M. Zimmermann)

Comment s'y prendre?

Arbeiten Sie zunächst die Zusammenhänge heraus, in denen der „Zufall" das Leben der Protagonisten beeinflusst. Überlegen Sie dann, ob Sie der Aussage völlig folgen können: Ist es nur der „Zufall", der das Leben der Protagonisten lenkt?

Résultats principaux

1. **Analyse:** Wenn Sie über den bloßen Inhalt eines Textes hinausgelangen wollen, müssen Sie
   a) den Aufbau
   b) die Erzählperspektive und
   c) die sprachlichen Mittel untersuchen.

2. **Literarisches Porträt:** Wenn Sie es – wie in den vorliegenden Texten – mit sehr differenzierten Personendarstellungen zu tun haben, achten Sie auf folgende Aspekte:

inhaltlich:

1. das soziale Umfeld, in dem die Person lebt, und die daraus resultierenden Auswirkungen auf ihr Leben
2. Widersprüche zwischen Selbst- und/oder Fremdcharakterisierungen und ihren Worten und Handlungen

formal:

3. die Art und Weise, wie sie charakterisiert wird: durch den Erzähler (Bedeutung der Perspektive!), durch andere, durch sich selbst, durch das, was sie tut und sagt, durch ihr Äußeres, durch ihre Gewohnheiten …
4. die sprachlichen Mittel (auch die Wahl der Perspektive), die der Autor verwendet

5. die Funktion der Personencharakteristik. Der Autor kann verschiedene Ziele mit seiner Art der Personencharakteristik verfolgen: Sympathie und Mitleid erregen wollen; Kritik üben; zeigen, dass bestimmte menschliche Probleme durch gewisse Personenkonstellationen ausgelöst werden …

1.4 Comparaison de deux textes

Textvergleich

In diesem Kapitel lernen Sie wichtige Vorgehensweisen beim Textvergleich kennen, nämlich

- wie man eine Stoffsammlung anlegt, um Unterschiede und Ähnlichkeiten zwischen zwei Texten zu erkennen,
- wie man diese Stoffsammlung kurz und strukturiert zusammenfasst,
- und wie man einen Textvergleich schreibt.

Notes biographiques

Albert Camus (1913–1960)
né le 7 novembre 1913 à Mondovi en Algérie est à la fois écrivain, romancier, nouvelliste, dramaturge, metteur en scène, philosophe et essayiste. Il a écrit entre autres de nombreux romans dont les plus connus sont *la Peste* (1941, publié en 1947), *l'Etranger* (publié en 1942) et *La Chute* (1956).
Très jeune, Camus découvre les premiers signes d'un destin injuste. C'est surtout dans *l'Etranger* que la prise de conscience (Bewusstwerden) de l'absurde trouve son expression la plus frappante. *L'Etranger* est l'œuvre la plus connue de Camus, elle reste une œuvre-clé. Avec lui, la philosophie de l'absurde entre dans la conscience des hommes.

Annie Ernaux (1940)
née à Yvetot en Normandie en 1940 a écrit quelques romans qui ont connu en France un grand succès, tels *Les armoires vides (1974), Ce qu'ils disent ou rien (1977), La Place (1984)* et *Une femme (1988).* Ce dernier roman qui contient de nombreux éléments autobiographiques commence – comme celui de Camus – par la nouvelle de la mort de la mère.

Texte 7

Albert Camus, *l'Etranger*

Aujourd'hui, maman est morte. Ou peut-être hier, je ne sais pas. J'ai reçu un télégramme de l'asile: «Mère décédée. Enterrement demain. Sentiments distingués.» Cela ne veut rien dire. C'était peut-être hier. [...]

J'ai fait le chemin à pied. J'ai voulu voir maman tout de suite. Mais le concierge m'a dit qu'il fallait que je rencontre le directeur. Comme il était occupé, j'ai attendu un peu. Pendant tout ce temps, le concierge a parlé et ensuite, j'ai vu le directeur: il m'a reçu dans son bureau. C'est un petit vieux, avec la Légion d'honneur. Il m'a regardé de ses yeux clairs. Puis il m'a serré la main qu'il a gardée si longtemps que je ne savais trop comment la retirer. Il a consulté un dossier. [...]

Puis je me suis souvenu qu'avant de me conduire chez le directeur, il m'avait parlé de maman. Il m'avait dit qu'il fallait l'enterrer très vite, parce que dans la *plaine* il faisait chaud, surtout dans ce pays. [...]

Ebene

La *garde* est entrée à ce moment. Le soir était tombé brusquement. Très vite, la nuit s' était épaissie au-dessus de la *verrière*. Le concierge a tourné le *commutateur* et j'ai été aveuglé par l'*éclaboussement* soudain de la lumière. Il m'a invité à me rendre au *réfectoire* pour dîner. Mais je n'avais pas faim. Il m'a offert alors d'apporter une tasse de café au lait. Comme j'aime beaucoup le café au lait, j'ai accepté et il est revenu un moment après avec un plateau. J'ai bu. J'ai eu alors envie de fumer. Mais j'ai hésité parce que je ne savais pas si je pouvais le faire devant maman. J'ai réfléchi, cela n'avait aucune importance. J'ai offert une cigarette au concierge et nous avons fumé.

Wache

Glashaus/Lichtschalter/Aufblitzen

Speisesaal

A un moment, il m'a dit: «Vous savez, les amis de Madame votre mère vont venir la veiller aussi. C'est la *coutume*. Il faut que j'aille chercher des chaises et du café noir.» Je lui ai demandé si on pouvait éteindre une des lampes. L'éclat de la lumière sur les murs blancs me fatiguait. Il m'a dit que ce n'était pas possible. L'installation était ainsi faite: c'était tout ou rien. Je n'ai plus beaucoup fait attention à lui. Il est sorti, est revenu, a disposé des

Sitte

chaises. Sur l'une d'elles, il a *empilé* des tasses autour d'une cafetière. Puis il s'est assis en face de moi, de l'autre côté de maman. — *stapeln*

(Albert Camus, L'Etranger, Editions Gallimard)

Texte 8 — **Annie Ernaux, *Une femme***

Ma mère est morte le lundi 7 avril à *la maison de retraite* de l'hôpital de *Pontoise*, où je l'avais placée il y a deux ans. *L'infirmier* a dit au téléphone: «Votre mère *s'est éteinte* ce matin, après son petit déjeuner.» Il était environ dix heures.

Altersheim
Name einer Stadt
Krankenpfleger
hier: verstorben

Pour la première fois la porte de sa chambre était fermée. On lui avait déjà fait sa toilette, une bande de tissu blanc lui *enserrait* la tête, passant sous *le menton*, ramenant toute la peau autour de la bouche et des yeux. Elle était recouverte d'un drap jusqu'aux épaules, les mains cachées. Elle ressemblait à une petite *momie*. On avait laissé de chaque côté du lit *les barres* destinées à l'empêcher de se lever. J'ai voulu lui passer la chemise de nuit blanche, *bordée de croquet*, qu'elle avait achetée autrefois pour son enterrement. L'infirmier m'a dit qu'une femme du service s'en chargerait, elle mettrait aussi sur elle le crucifix, qui était dans le tiroir de *la table de chevet*. Il manquait les deux clous fixant les bras de cuivre sur la croix. L'infirmier n'était pas sûr d'en trouver. Cela n'avait pas d'importance, je désirais qu'on lui mette quand même son crucifix. Sur la table roulante, il y avait le bouquet de forsythias que j'avais apporté la veille. L'infirmier m'a conseillé d'aller tout de suite à l'état civil de l'hôpital. Pendant ce temps, on ferait *l'inventaire* des affaires personnelles de ma mère. Elle n'avait presque plus rien à elle, un *tailleur*, des chaussures d'été bleues, un rasoir électrique. Une femme s'est mise à crier, la même depuis des mois. Je ne comprenais pas qu'elle soit encore vivante et que ma mère soit morte.

umspannen/Kinn
Mumie
Stäbe, Gitter
spitzengesäumt
Nachttisch
(le chevet: Kopfende)
Bestandsaufnahme
(Schneider-)Kostüm

À l'état civil, une jeune femme m'a demandé pour quoi

c'était. «Ma mère est *décédée* ce matin. – A l'hôpital ou en *long séjour*? quel nom?» Elle a regardé une feuille et elle a souri un peu: elle était déjà au courant. Elle est allée chercher *le dossier* de ma mère et m'a posé quelques questions sur elle, son lieu de naissance, sa dernière adresse avant d'entrer en long séjour. Ces renseignements devaient figurer dans le dossier.

Dans la chambre de ma mère, on avait préparé sur la table de chevet un sac en plastique contenant ses affaires. L'infirmier m'a tendu *la fiche d'inventaire* à signer. Je n'ai plus désiré emporter les vêtements et les objets qu'elle avait eus ici, sauf *une statuette* achetée lors d'un *pèlerinage* à Lisieux avec mon père, autrefois, et un petit *ramoneur savoyard*, souvenir *d'Annecy*. Maintenant que j'étais venue, on pouvait conduire ma mère à la morgue de l'hôpital, sans attendre la fin des deux heures réglementaires de maintien du corps dans le service après décès. En partant, j'ai vu dans le bureau vitré du personnel la dame qui partageait la chambre de ma mère. Elle était assise avec son sac à main, on la faisait patienter là jusqu'à ce que ma mère soit transportée à *la morgue*.

(Annie ERNAUX, Une femme, © Editions GALLIMARD)

(ver)sterben
hier: Pflegeheim
Akte
Inventarliste
kleine Statue
Wallfahrt/Schornsteinfeger(figur) aus Savoyen/Stadt in Savoyen
Leichenhalle

Devoir 33:
Après avoir lu les deux extraits de *L'Etranger* et d'*Une femme,* vous êtes frappé par les différences et ressemblances. Notez-les en remplissant la grille déjà structurée.

	L'Etranger	***Une femme***
thème	*mort de la mère*	mort de la mère
date	*aujourd'hui ou hier*	le lundi 7 avril environ 10 heures
lieu		
personnage principal		
autres personnages		
la mère		
objets		
formalités		
comportement du fils/de la fille		
coutumes/traditions		

Devoir 34:
Résumez en quelques phrases les ressemblances et les différences!

Devoir 35:
Ecrivez maintenant une comparaison de textes en vous servant de vos résultats et du plan proposé (voir devoirs 33 et 34).

*** Devoir facultatif:*
Der Textvergleich (devoir 35) kann überprüft und ergänzt werden, wenn Sie die Entwicklung der jeweiligen Hauptpersonen im Gesamtwerk verfolgen.
a) Lisez les résumés brefs:

L'Etranger – résumé
Meursault, l'Etranger et le narrateur, nous parle de ses préoccupations (Sorge), de son travail et de ses rencontres. Il semble être sans ambition, sans curiosité et sans élan. Il vit dans l'immédiat (das Heute), obéit à ses instincts et se détermine au gré du hasard (alles dem Zufall überlassen). Il raconte comment il est devenu, sans vraiment

le vouloir, le meurtrier d'un Arabe, puis il parle de son procès. Son indifférence à l'enterrement de sa mère et dans les jours qui suivent est considérée comme un signe de monstruosité morale.
On le condamne à mort parce que ses réponses sont déconcertantes (beunruhigend) et qu'il est hostile à notre morale.

Une Femme – résumé
La narratrice apprend la mort de sa mère et ne semble pas éprouver de chagrin à l'enterrement. Trois semaines plus tard, l'analyse du passé vécu avec sa mère lui fait revivre une nouvelle vie. C'est en écrivant qu'elle fait revivre sa mère, la véritable mère. La fille écrit ses souvenirs, elle insiste en parlant de l'enfance de sa mère sur les rapports étroits entre le manque d'argent et le manque de culture. Elle évoque de courtes scènes de la vie quotidienne dont elle se souvient, par exemple celles de l'épicerie-café que ses parents tenaient.
C'est par une analyse minutieuse de la relation mère-fille que la fille découvre l'importance de sa mère pour sa propre vie. Le récit continue, la fille poursuit (weiter verfolgen) ses recherches, elle analyse sa mauvaise conscience à l'égard de sa mère, elle étudie les conflits relationnels pour constater à la fin de la nouvelle une grande solitude.

Nun sind Sie eher in der Lage, den folgenden Textauszug einzuordnen!

b) Qui a écrit cet extrait? Meursault dans *L'Etranger* ou la jeune femme dans *Une Femme?*

Je n'entendrai plus sa voix. C'est elle, et ses paroles, ses mains, ses gestes, sa manière de rire et de marcher qui unissaient la femme que je suis à l'enfant que j'ai été. J'ai perdu le dernier.

Devoir 36:
Commentez cette phrase de Camus:

«J'ai résumé L'Etranger par une phrase dont je reconnais qu'elle est très paradoxale. Dans notre société, tout homme qui ne pleure pas à l'enterrement de sa mère risque d'être condamné a mort. Je voulais dire que le héros du livre est condamné parce qu'il ne joue pas le jeu.»

Comment s'y prendre?

1. Wie ist Camus' Zitat zu verstehen? Erläutern Sie Camus' Aussage!
2. Teilen Sie diese Ansichten?
3. Klären Sie Meursaults Motive und die Rolle der Gesellschaft – schauen Sie doch einmal in die kurze Inhaltsangabe auf S. 46.

Als zusätzliche Hilfe für das Verfassen des *commentaire personnel* erhalten Sie einige Strukturen und Redewendungen:

Selon l'opinion (f) du narrateur	
l'avis (m) de l'auteur	
D'après l'auteur	
A ma connaissance	soviel ich weiß
Quant à moi	Was mich betrifft
En ce qui me concerne	
Pour ma part	meinerseits
Selon mon expérience	Nach meiner Erfahrung
Cela me fait penser à	Dies erinnert mich an
Je pense, crois	
trouve bien	
exagéré	
important	
C'est vrai, mais d'un autre côté	
il faut (bien) admettre	annehmen, gelten lassen
reconnaître	einsehen
Je suis convaincu/e, certain/e	ich bin überzeugt, sicher
d'accord = j'approuve	einverstanden sein
partage l'opinion de	
J'adopte le point de vue de	Standpunkt übernehmen
Je préfère … à	dem/der vorziehen
Je désapprouve	missbilligen
critique	
reproche	vorwerfen
rejette l'idée	einen Gedanken zurückweisen
d'abord, en premier lieu,	
puis,	dann
en second lieu	zweitens
en outre	zusätzlich
pour terminer, en dernier lieu	schließlich, zuletzt

parce que, puisque, étant donné que	
en tenant compte de	wenn man berücksichtigt
en raison de	auf Grund
par conséquent	
toute considération faite	wenn man alles in Betracht zieht

Résultats principaux

1. Textvergleich: Es ist üblich, dass Sie einen Ihnen unbekannten Text mit einem anderen vergleichen müssen, den Sie aus dem Unterricht kennen. Ihre Aufgabe ist es, Ähnlichkeiten, Gemeinsamkeiten und Unterschiede festzustellen.
Bei der Interpretation können Sie
- entweder beide Texte gleichzeitig vergleichen und interpretieren
- oder einen Text ausführlich interpretieren und ihn mit dem zweiten vergleichen. Ein Textvergleich ist oft eine Art „Interpretationshilfe".

2. Commentaire personnel: Das Wichtigste bei der Erörterung ist, dass Sie zuerst das Thema oder die vorgegebene Behauptung klären und am Inhalt festmachen, zum Beispiel: Wird Meursault deswegen (= wegen seines Verhaltens bei der Beerdigung seiner Mutter) zum Tod verurteilt?
Dann stellen Sie fest, ob Sie mit der Meinung, dem Urteil des Autors (völlig, teilweise oder gar nicht) übereinstimmen. Sie weisen die Argumente des Autors begründet zurück oder nennen die Argumente des Autors, die Sie für wichtig halten. In diesem Fall ergänzen Sie weitere Argumente (oder Gegenargumente) und bringen weitere Aspekte in überzeugender Weise und in einer sinnvollen Reihenfolge.

3. Vorgehensweise: Eine systematisch durchgeführte Stoffsammlung – etwa in der Form einer Tabelle – wie in *devoir 33* erleichtert Ihnen den Textvergleich.
So sehen Sie die Gemeinsamkeiten und die Unterschiede auf einen Blick und können Ihren Textvergleich sinnvoll strukturieren und gewichten. Selbstverständlich muss die Stoffsammlung gegebenenfalls um formale Untersuchungsaspekte (Perspektive, Zeitgestaltung, formale Besonderheiten) erweitert werden, auf jeden Fall dann, wenn Sie nach gründlicher Beschäftigung mit dem Inhalt die Aussageabsicht des Textes herausarbeiten wollen.

1.5 Les textes narratifs – Übungsklausur

In diesem Kapitel können Sie Ihren „Lernfortschritt“ nochmals selbst überprüfen – Sie können den Schwierigkeitsgrad Ihrer Übungsklausur auswählen. Entweder:
Durchgang A: Bearbeitungsfragen wie in einer Abiturklausur
Oder: Durchgang B: Bearbeitungsfragen wie oben + zusätzliche Hilfestellung *(Comment s'y prendre?)*

Guy de Maupassant, *Boule de suif*

Cette nouvelle se déroule pendant la guerre franco-allemande de 1870/71. Les Prussiens ont envahi Rouen. Mais les habitants, surtout les propriétaires des grandes fortunes, commencent vite à s' adapter à leur présence. De sorte que certains osent même voyager. Une grande *diligence* avec dix personnes va partir. Les voyageurs – des bourgeois fort honnêtes et leurs femmes – sont un peu choqués lorsqu'ils voient que Boule de Suif part avec eux.

La femme, une de celles qu' on appelle galantes, était célèbre pour son *embonpoint précoce* qui lui avait valu le surnom de Boule de suif. Petite, ronde de partout, grasse à *lard*, avec des doigts *bouffis*. … avec une peau *luisante*; et tendue, une *gorge* énorme qui *saillit* sous sa robe, elle restait cependant appétissante et *courue*, tant sa fraîcheur faisait plaisir à voir. Sa figure était une pomme rouge, un bout de *pivoine*; prêt à fleurir, et là-dedans s' ouvraient, en haut, des yeux noirs magnifiques …; en bas, une bouche charmante, étroite, humide pour le baiser, meublée de *quenottes*; luisantes et microscopiques. Aussitôt qu' elle fut reconnue, des chuchotements couraient parmi les femmes honnêtes, et les mots de ‹prostituée›, de ‹honte publique› furent chuchotés si haut qu'elle leva la tête. Alors elle promena sur ses voisins un regard tellement provocant et *hardi* qu'un grand silence aussitôt régna … Mais bientôt la conversation reprit entre les trois dames que la présence de cette fille avait subitement rendues amies, presque intimes …

zu dick für ihr Alter
fett/aufgequollen
glänzend/Brust/hervorspringen/begehrt
Pfingstrose
Kinderzähnchen
kühn

Le voyage est très long, et les passagers commencent à avoir très faim. Heureusement, Boule de suif a pensé à s'approvisionner, elle leur offre tout ce qu'elle a et ils lui vident rapidement le panier sans même lui dire merci. A Tôtes, un officier allemand arrête la diligence. Ils doivent passer une nuit à Tôtes, puis une autre parce que Boule de suif en bonne Française ne veut pas coucher avec l'Allemand. Les autres partagent d'abord son indignation, mais le temps s'écoule et ils veulent tous partir. Que faire?

Alors le tempérament *populacier* de Mme Loiseau éclata: «Nous n'allons pourtant pas mourir de vieillesse ici. Puisque c'est son métier, à cette *gueuse*, de faire ça avec tous les hommes, je trouve qu'elle n'a pas le droit de refuser l'un plutôt que l'autre. Je vous demande un peu, ça a pris tout ce qu'elle a trouvé dans Rouen, même des *cochers*!
Oui, madame, le cocher de la préfecture! Et aujourd'hui qu'il s'agit de nous tirer *d'embarras, elle fait la mijaurée*, cette *morveuse*! Moi, je trouve qu'il se conduit très bien, cet officier. Il est peut-être privé depuis longtemps; et nous étions là trois qu'il aurait sans doute préférées. Mais non, il se contente de celle de tout le monde. Il respecte les femmes mariées. Songez donc, il est le maître. Il n'avait qu'à dire: ‹Je veux›, et il pouvait nous prendre de force avec ses soldats.» Les deux femmes eurent un petit frisson. Les yeux de la jolie Mme Carré-Lamadon brillaient … les hommes se rapprochèrent. Alors on conspira …

volkstümlich
Hure
Kutscher
schwierige Lage/
Zierpuppe/Rotznase

Ils commencent à harceler (bedrängen) Boule de suif jusqu'à ce qu'elle soit prête à se sacrifier pour eux. Et en effet, le lendemain la diligence peut partir …

On n'attendait plus que Boule de suif. Elle parut. Elle semblait un peu troublée, honteuse; et elle s'avança timidement vers ses compagnons, qui, tous, d'un même mouvement, se détournèrent comme s'ils ne l'avaient pas aperçue. Le comte prit avec dignité le bras de sa femme et l'éloigna de ce contact impur. La grosse fille s'arrêta, stupéfaite, alors ramassant tout son courage, elle aborda la femme du manufacturier d'un ‹bonjour, madame› humblement murmuré. L'autre fit de la tête seule un petit salut impertinent qu'elle accompagna d'un regard de vertu *outragée* … On ne semblait pas la voir, ne pas la reconnaître … Boule de suif n'osait pas lever les yeux. Elle se sentait en même temps indignée contre tous ses voisins, et humiliée d'avoir cédé, *souillée* par les baisers de ce Prussien entre les bras duquel on l'avait hypocritement jetée.

beleidigt, entrüstet

beschmutzt

Au bout d'un certain temps, tout le monde se met à manger – sauf Boule de suif. Mais personne ne songe à lui offrir quelque chose et Boule de suif qui se souvient qu'on lui avait vidé son panier plein de bonnes choses est d'abord folle de colère, puis …

sa fureur tombant soudain, comme une corde trop tendue qui casse, elle se sentit prête à pleurer. Elle fit des efforts terribles, *se raidit*, *avala* les sanglots comme les enfants, mais les pleurs montaient… Elle restait droite, le regard fixe, la face *rigide* est pâle, espérant qu'on ne la verrait pas … Mais Mme Loiseau eut un rire muet de triomphe et murmura: «Elle pleure sa honte.»

sich stemmen gegen etwas/herunterschlucken/unbewegt

Durchgang A:

1. Résumez le texte.
2. Faites le portrait physique et moral de Boule de suif.
3. «… entre les bras duquel on l'avait hypocritement jetée» (l. 55/56). Montrez en quoi on peut dire que le comportement des compagnons de voyage de Boule de suif est hypocrite.
4. Où sont les sympathies de l'auteur? Montrez par quelles figures de style l'auteur réussit à faire partager son point de vue au lecteur.
5. Commentaire personnel: «Ce qu'il y a de grave dans le complot dont est victime (Opfer) Boule de suif, c'est qu'il empêche le personnage d'être fidèle à une certaine idée de sa dignité.» Commentez cette phrase et dites si vous êtes d'accord ou non avec ce jugement.

Durchgang B:

1. Résumez le texte.

Comment s'y prendre?

- Fassen Sie zunächst jeden Abschnitt in einem Satz zusammen.
- Formulieren Sie dann in einem relativ allgemein gehaltenen Satz, um was es in dem ganzen Textauszug geht. (Ort, Datum/Epoche, Personen, Situation/Problem, Konflikt)
- Dann schreiben Sie – ausgehend von Ihren Zusammenfassungen (s. o.) – ein zusammenhängendes *résumé*, dessen Sätze Sie durch *mots-charnières*, wie *d'abord, puis, alors, ensuite, par conséquent, c'est pourquoi* ... verbinden.

2. Faites le portrait physique et moral de Boule de suif.

Comment s'y prendre?

Schreiben Sie zunächst alle Informationen heraus, die Sie über *Boule de suif* erhalten. Dann strukturieren Sie diese Informationen nach den Regeln der Charakteristik (s. 1. 2 und 3) und schreiben einen zusammenhängenden Text in – möglichst! – eigenen Worten.

Boule de suif: Son physique/son caractère	**Son comportement/son caractère**
est ronde de partout, appétissante, fraîche – bon enfant, gentille, inoffensive (harmlos)	Quand elle voit que les femmes commencent à chuchoter à son sujet, elle les regarde d'une manière provocante – n'a pas honte de son métier, est sûre d'elle

3. «… entre les bras duquel on l'avait hypocritement jetée …» Montrez en quoi on peut dire que le comportement des compagnons de voyage de Boule de suif est hypocrite.

Comment s'y prendre?

Suchen Sie im Text nach Begründungen für den Vorwurf der Heuchelei. Denken Sie an das Verhalten der Mitreisenden, der Frauen vor allem: 1. bei Boules Ankunft in der Kutsche, 2. beim Picknick, 3. in Tôtes und 4. in der Kutsche nach dem „Vorfall“.

4. Où sont les sympathies de l'auteur? Montrez par quelles figures de style il réussit à faire partager son point de vue au lecteur.

Comment s'y prendre?

Untersuchen Sie die Erzählperspektive, die Art des Autors, Boule de suif vorzustellen *(comparaisons, rythme ternaire …)*, die Sprache von Mme Loiseau (Wortschatz, Syntax) und die Erklärung, die sie für die Wahl des Offiziers findet, den Gegensatz zwischen Boules Verhalten und dem der *«bourgeois»*, die Beschreibung der Fahrt nach dem „Vorfall“.

5. Commentaire personnel: «Ce qu'il y a de grave dans le complot dont est victime Boule de suif, c'est qu'il empêche le personnage d'être fidèle à une certaine idée de sa dignité?» Commentez cette phrase et dites si vous êtes d'accord on non avec ce jugement.

Comment s'y prendre?

Arbeiten Sie zunächst heraus, auf welchen Vorfall das Zitat anspielt. (Welche Verschwörung? Durch wen? Wann? In welcher Absicht?)
Überlegen Sie dann: Können Sie der Behauptung, Boule sei das *Opfer* dieser Verschwörung, zustimmen?
Was ist Boules Auffassung von Würde?
Formulieren Sie schließlich begründet Ihre eigene Meinung: Teilen Sie die Bewertung des Zitats? Gibt es noch andere Aspekte dieser Verschwörung, die Sie schockieren?

LES TEXTES DRAMATIQUES 2

EN BREF Petite note sur le théâtre

Le théâtre classique (17 siècle)
C'est au cours de ce siècle qu'on cherche à tout définir: les genres (drames, tragédies, comédies, farces, nouvelles, romans) et les règles théâtrales (unité de temps, de lieu, d'action). Les écrivains s'inspirent des «Anciens», des auteurs grecs et romains, en reprenant des sujets tirés de la mythologie ou de l'histoire romaine. Les auteurs veulent instruire leur public, pour cela, il est important que ce qu'ils montrent au public soit convaincant, vraisemblable et plaise au public.
Les grands auteurs sont **Pierre Corneille** (écrit des tragédies), **Jean Racine** (écrit des tragédies), **Molière** (voir page 59 écrit des comédies).

Le théâtre existentialiste (~ 1940 – ~ 1965)
Le théâtre de l'existentialisme est un théâtre «engagé» dans ce sens qu'il montre l'homme qui se cherche face au monde, face aux autres. Il se fait «homme» par l'action, par son comportement envers le monde, envers les autres. Le théâtre existentialiste est profondément marqué par l'expérience de l'Occupation et pose la question de la responsabilité personnelle (pour la patrie, les autres ...). Les grands auteurs, ce sont: **Jean-Paul Sartre** *(Les Mouches, Huis clos, Les Mains sales, Les Jeux sont faits).* **Albert Camus** *(Les Justes, Caligula ...).*

Le théâtre de l'absurde (~1950 – ~ 1962)
A la différence du théâtre engagé de Sartre, le théâtre de l'absurde est un «anti-théâtre» dans ce sens qu'il n'y a ni intrigue (Handlung) ni évolution ni dénouement logique. Les protagonistes sont des êtres passifs, médiocres et impuissants face aux menaces qui pèsent sur eux. Les thèmes du théâtre de l'absurde, ce sont la mort, la peur, l'attente, mais contrairement à ce qu'on pourrait attendre, c'est un théâtre qui fait souvent rire le spectateur: les éléments comiques, voire (ja sogar) grotesques, l'absurdité des situations et des propos (Reden) des protagonistes font encore mieux res-

sortir l'insignifiance, le caractère dérisoire (lächerlich) de la vie humaine. A la fin, un malaise (Unbehagen) inexplicable et une angoisse grandissante s'emparent (bemächtigen sich) du spectateur parce qu'il commence à reconnaître sa propre situation. Les grands auteurs: **Eugène Ionesco** *(Rhinocéros, La Cantatrice chauve, La Leçon),* **Samuel Beckett** *(En attendant Godot, Fin de partie).*

Vocabulaire de base

1. Les genres (m.) dramatiques:	*Gattung*
La pièce de théâtre	Theaterstück
La comédie en vers, en prose	Komödie
de mœurs	Sittenkomödie
de boulevard	
de caractère	
La tragédie en vers, en prose	Tragödie
Le scénario	Drehbuch
La pièce en un acte	Einakter
en trois, cinq actes	

2. Les parties intégrantes de la pièce:	*Bestandteile*
Elle se compose de monologues (m.)	
dialogues (m.)	Dialoge
répliques (f.)	Gegenrede
est composée d'actes (m.)	
contient des scènes (f.)	
se divise en plusieurs tableaux (m.)	Bilder
La structure dramatique ou les étapes de l'intrigue (f.)	dramatische Struktur, Phasen der Handlung
– exposition (f.)	
– nœud (m.)	Knoten
– intrigue (f.)	Verwicklung
– tournant (m.)	Wendepunkt
– dénouement (m.)	Auflösung
comprend des indications scéniques	Regieanweisungen
ou didascalies (f.): commentaires de l'auteur de théâtre pour la mise en scène	

– le décor	Bühnenbild
– le physique et	
– les sentiments des personnages	
– les rapports entre les personnages	
Le scénariste	Drehbuchautor
Le metteur en scène	Regisseur
L'acteur, l'actrice joue	
Le/La protagoniste se trouve	Hauptdarsteller
au premier plan	im Vordergrund
à l'arrière-plan	im Hintergrund
au centre	
Le héros, l'héroïne	Held(in)
Le personnage principal	Hauptfigur
secondaire	Nebenfigur
L'interlocuteur, l'interlocutrice	Gesprächspartner/in
L'action se passe, se déroule	
en un seul lieu	
dans plusieurs lieux	
en 24 heures	
dans une maison	
La mise en scène	Inszenierung
est sobre	schlicht
riche en détails (m.)	
réaliste	
Le décor aide à créer une ambiance	Bühnenbild
Le cadre suggère une atmosphère	Rahmen/erzeugen

3. Les procédés et les moyens comiques

Le comique de situation:	Situationskomik
Le personnage est – comique	
– maladroit	ungeschickt
– drôle, bizarre	
Il y a un malentendu	Missverständnis
un quiproquo: malentendu entre personnages	Verwechslung
un coup de théâtre	überraschende Wendung
des répétitions (f.)	
des exagérations (f.)	
des jeux (m.) de mots (m.)	Wortspiel

des invectives (f.)	Beleidigung
un décalage entre situation et comportement	Bruch
Le comique de caractère:	
dénonce les défauts (m.) / les vices (m.):	
voir 2. 1, page 63	
dénonce des attitudes (f.)	
des comportements (m.)	
une réaction · bizarre	eigenartig
· inhabituelle	ungewöhnlich
· irréfléchie	unüberlegt
· inattendue	unerwartet
Le comique de langage:	
On emploie un langage prétentieux	eingebildet
précieux	pseudogehoben
érudit	gelehrt
soigné, élaboré	gepflegt
familier	ungezwungen
vulgaire	ordinär
La fonction du comique en général	
Une scène	
Une remarque	
Une plaisanterie	Scherz/Witz
déclenche, provoque	auslösen
le rire	das Lachen
le sourire	das Lächeln
fait rire, fait sourire	
caricature une attitude	Haltung karikieren
ridiculise des mœurs (f.)	Sitten lächerlich machen
se moque des faiblesses (f.)	Schwächen verspotten
parodie des vices (m.)	Laster parodieren
critique	
suscite la sympathie	Sympathie wecken
du spectateur	
du lecteur	
décrit les conflits (m.)	
développe	darstellen, entwickeln
les idées philosophiques	
sociales	
politiques	

2.1 Première approche d'une pièce de théâtre

Erste Begegnung mit einem dramatischen Text

In diesem ersten Teilkapitel werden Sie erste Erschließungstechniken für den Umgang mit einem dramatischen Text kennen lernen. Wie ein Zuschauer werden Sie aus den ersten Dialogen Rückschlüsse auf Eigenschaften der auftretenden Personen und mögliche Konflikte ziehen lernen.

Note biographique

Molière

Molière: (de son vrai nom Jean-Baptiste Poquelin) (1622–1673, mort après une représentation du *Malade imaginaire* où il avait lui-même joué le rôle d'Argan). Fils d'un artisan respectable, il se fait comédien – ce qui était alors un métier fort douteux – et passe des années en province avec sa troupe. Molière est le «père» de la comédie en France. Après avoir pratiqué la farce (Farcen schreiben) au début de sa carrière, il accorde de plus en plus d'importance à la peinture des mœurs (Sitten) et des caractères en s'attaquant aux défauts permanents de l'homme (avarice, hypocrisie, égoïsme ...) et prône (predigen) le bon sens (Vernunft) sans pour autant renoncer au comique.
Ses grandes comédies sont: *Le Misanthrope, L'Ecole des femmes, Dom Juan, Tartuffe ou L'Imposteur.*

Devoir 1:

Avant la lecture: Dites si *Le Malade imaginaire,* c'est

a) quelqu'un qui croit être malade, mais qui ne l'est pas.

b) quelqu'un qui a peur de tomber malade.

c) un malade tel qu'on se l'imagine.

Cochez la bonne définition.

Texte 1 — Molière, *Le Malade imaginaire*

Texte 1 a)
Le rideau s'ouvre sur un personnage seul sur scène: Argan est en train de lire les factures (Rechnungen) que lui envoient ses nombreux médecins et apothicaires: il les trouve toutes beaucoup trop chères!

Il n' y a personne? J' ai beau dire, on me laisse toujours seul; il n'y a pas moyen de les arrêter ici. *(Il agite une sonnette pour faire venir ses gens)* Ils n' entendent point, ma sonnette ne fait pas assez de bruit. *Drelin, drelin, drelin*, point d' affaire. Drelin, drelin, drelin, ils sont sourds … Toinette! drelin, drelin, drelin. Tout comme si je ne sonnais point. Chienne! *Coquine*! Drelin, drelin, drelin, j' enrage. *(Il ne sonne plus mais il crie)* Drelin, Drelin, drelin. *Carogne*, à tous les diables! Est-il possible qu' on laisse comme ça un pauvre malade tout seul! Drelin, drelin, drelin: voilà qui est pitoyable! Drelin, drelin, drelin. Ah! mon Dieu, ils me laisseront ici mourir. Drelin, drelin, drelin

Klingeling
Spitzbübin
Aas

Texte 1 b)
Un peu plus tard, il fait venir sa fille Angélique, sa fille d'un premier mariage pour lui apprendre qu'il a décidé de la marier à un homme très honnête. Celle-ci est amoureuse du beau Cléante. Mais à sa grande déception, Argan lui dit qu'elle doit épouser Thomas Diafoirus, fils d'un médecin et médecin lui-même. C'est alors que Toinette, la servante, se mêle de la discussion.

Quoi! monsieur, vous auriez fait ce *dessein burlesque*? et, avec tout le bien que vous avez, vous voudriez marier votre fille avec un médecin?
Argan: Oui. De quoi te mêles-tu, coquine, impudente que tu es?
Toinette: Mon Dieu! tout doux. Vous allez d'abord aux *invectives*. Est-ce que nous ne pouvons pas raisonner ensemble sans nous emporter? Là, parlons de sang-froid. Quelle

lächerliches Vorhaben
Beleidigungen

est votre raison, s'il vous plaît pour un tel mariage?

Argan: Ma raison est que, me voyant *infirme* et malade comme je suis, je veux me faire un *gendre* et des alliés médecins, afin de m'appuyer de bon secours contre ma maladie …

behindert
Schwiegersohn

Toinette: … Oui, vous êtes fort malade; *j'en demeure d'accord* et plus malade que vous ne croyez. Mais votre fille doit épouser un mari pour elle, et, n'étant point malade, il n'est pas nécessaire de lui donner un médecin.

hier: ich stimme zu

Argan: C'est pour moi que je lui donne ce médecin, et une fille de bon naturel doit être ravie d'épouser ce qui est utile à la santé de son père.

Texte 1 c)

Selon la *coutume*, Béline, la seconde femme n'héritera (erben) pas d'Argan. Elle fait venir un notaire qu'elle connaît bien.

Gepflogenheit

Argan: Ma femme m'avait bien dit, monsieur, que vous étiez fort habile et fort honnête homme. Comment puis-je faire, s'il vous plaît, pour lui donner mon bien et *en frustrer* mes enfants?

jmdn. um etwas bringen

Le notaire: Comment vous pouvez faire? Vous pouvez choisir doucement un ami intime de votre femme, auquel vous donnerez en bonne forme par votre testament tout ce que vous pouvez [= la moitié]; et cet ami ensuite lui rendra tout.

Béline: Mon Dieu! Il ne faut point vous tourmenter de tout cela. S'il vient *faute de vous*, mon fils, je ne veux plus rester au monde.

sollten Sie sterben

Argan: Mamie!

meine Freundin

Béline: La vie ne me sera plus de rien.

Argan: M'amour!

Béline: Et je *suivrai vos pas* pour faire connaître la tendresse que j'ai pour vous.

ich werde Ihnen nachfolgen

Argan: Mamie, vous me *fendez* le cœur. Consolez-vous, je vous en prie. Il faut faire mon testament, m'amour, de la

(Herz) brechen

façon que monsieur dit; mais par précaution je veux vous mettre entre les mains les vingt mille francs en or, que j'ai dans *le lambris* de mon alcôve et deux billets payables au *porteur*, qui me sont dus.

Béline: Non, non, je ne veux point de tout cela. Ah! combien dites-vous qu'il y a dans votre *alcôve*?

Argan: Vingt mille francs, m'amour.

Béline: Ne me parlez point de bien, je vous prie. Ah! de combien sont les deux billets?

Täfelung
Überbringer
Alkoven, Bettnische

(Extrait de Molière: Le Malade imaginaire, Nouveaux classiques Larousse, Paris, 1970, page 34–57)

Devoir 2:

Après avoir lu le texte 1 a), quelle est la première impression du spectateur lorsqu'il voit Argan apparaître sur scène?

a) C'est quelqu'un qui est vraiment malade.

b) C'est quelqu'un qui se croit malade mais qui ne l'est pas

parce que …

Complétez par les indices qui permettent au spectateur de répondre à cette question.

Il est malade parce qu'il	Il n'est pas très malade parce qu'il

Devoir 3:

Après la lecture du texte 1 b): Répondez aux questions:

– Pourquoi Toinette, la servante, ne veut-t-elle pas qu'Angélique épouse un médecin?
– Quelles sont les raisons d'Argan pour ce mariage?
– Qu'y a-t-il d'insolite (ungewöhnlich) dans le comportement de Toinette?

Devoir 4:

Après la lecture du texte 1 c): Dites quelles sont les intentions de Béline.
Cochez la bonne réponse:

a) Béline veut hériter d'Argan: c'est elle qui a trouvé ce notaire.

b) Béline ne veut pas parler d'argent. Elle ne veut pas qu'il meure, car elle l'aime beaucoup.

c) Béline fait semblant de l'aimer beaucoup et de craindre sa mort, mais en réalité, elle ne pense qu'à son argent.

Devoir 5:

Après avoir relu les trois extraits de la pièce: Dites ce qu'on apprend sur le caractère des personnages.
a) Complétez la grille par des adjectifs.

Comment s'y prendre?

Hier finden Sie eine Liste von Charakterzügen und Verhaltensweisen:
avoir bon/mauvais caractère

être généreux, se
avare
timide – schüchtern
irrespectueux, se – respektlos
désinvolte – lästig, ungeniert
rusé, e – schlau, gerissen
malin, igne – schlau, pfiffig
hypocrite – heuchlerisch
ouvert, e

être honnête – anständig, rechtschaffen
sans scrupules
égoïste
courageux, se
brave – wacker
geignard, e – wehleidig, weinerlich
raisonnable – vernünftig
naïf, ve
aveugle – verblendet, blind (für)

ARGAN	TOINETTE	BELINE
1 égoïste		
2 geignard		
3 aveugle		

b) Puis justifiez vos réponses en donnant des exemples.

Comment s'y prendre?

Der folgende Text zeigt, wie Sie die von Ihnen gefundenen Charaktereigenschaften kurz inhaltlich begründen können:

Argan est geignard (2): il croit souffrir d'une multitude de maladies «imaginées» et lorsque ses proches ne s'occupent pas de lui, il a peur de mourir et il se met en colère. Ses «maladies» le rendent égoïste (1): il veut marier sa fille à un médecin pour avoir un médecin dans la famille et elles le rendent aussi aveugle (3): il croit que sa femme Béline l'aime tendrement parce qu'elle fait semblant de s'inquiéter de sa santé.

*** Devoir facultatif:***
Le théâtre recourt souvent à (zurückgreifen auf) des types nettement marqués. Il est en effet nécessaire que le spectateur puisse reconnaître, identifier et prévoir les personnages, en peu de temps: il n'y a pas de narrateur, et la plupart du temps pas de portrait qui les lui présentent en détail … Le public reconnaît alors dès (von an) sa première intervention, par son allure (Auftreten) et ses propos (Worte), le personnage et rôle qu'il jouera dans l'action.
(M. P. Schmitt, A. Viala, Savoir-lire, Didier, 82 p. 106)

Dites dans quelle mesure cette explication peut s' appliquer aux personnages de *Toinette* et *Béline.*

Devoir 6:
Après la lecture de l'exposition: A quels conflits le spectateur/lecteur devra-t-il s'attendre?
Exemple: Argan veut que sa fille Angélique épouse un médecin
mais: Angélique aime un autre homme.

Devoir 7:

Par quels moyens du comique Molière réussit-il à (dé)montrer

a) qu'Argan n'est pas vraiment malade et à plaindre?

b) que Béline n'aime pas son mari aussi tendrement qu'elle le prétend?

Comment s'y prendre?

Hier finden Sie einige Vorschläge, die Sie für Ihre Begründung übernehmen können (die Erklärung bzw. Übersetzung der Stilfiguren finden Sie im Vocabulaire de base):

l'exagération, les invectives, la répétition, le quiproquo, le jeu de mots, le décalage entre situation et comportement, situation et paroles, un langage faussement savant, pieux (fromm), tendre …

**** Devoir facultatif:***

Ajoutez à chaque réplique les *didascalies,* c'est-à-dire les précisions sur le ton, les gestes, la mimique, que vous jugez nécessaires.

Exemple: Argan: *(ému, attendri)* Mamie!

Résultats principaux

1. **Charakterisierung:** An den Textauszügen aus der Exposition des *Malade imaginaire* haben Sie sehen können, wie in dramatischen Texten die handelnden Personen so präsentiert werden, dass ihr Verhalten, ihr Charakter für den Zuschauer auch ohne die Hilfe eines Erzählers (→ narrative Texte) eindeutig und schlüssig nachvollziehbar sind. Folgende Möglichkeiten haben wir vorgestellt:
   - die Personen werden, zumal in Komödien, typisiert und sind für den Zuschauer in ihrer Funktion und ihrem Verhalten weitgehend vorhersehbar, etwa: die oder der schlaue Diener, die jugendliche Liebhaberin, der junge „Held“, der Intrigant …
   - durch ihre Sprache, Gestik und Mimik (beim Lesen eines Theaterstücks natürlich nur soweit in den Regieanweisungen angegeben) enthüllen sich Charakter und Absichten der Protagonisten.

2. **Handlungsrelevante Konflikte:** In der Exposition, also in den ersten Szenen, werden die Konflikte angedeutet, angesprochen und vorgeführt, die das Stück bestimmen werden. Das können zum Beispiel die unterschiedlichen Charaktere sein, die zu unterschiedlichen Beurteilungen oder Reaktionen auf eine Situation führen, die nicht zu vereinbarenden Interessen oder aber ein Konflikt, der sich schon lange anbahnte, nun aber erst zum Ausbruch kommt. Achten Sie in der Exposition auf alle Hinweise zur Personencharakterisierung und auf Indizien für mögliche Konflikte, die in den folgenden Szenen und Akten immer deutlicher werden und den Handlungsverlauf bestimmen.

2.2 Compréhension et résumé

Textverständnis und Inhaltswiedergabe

Im folgenden Teilkapitel sollen Sie anhand eines Auszugs aus dem Drehbuch von *«Au revoir les enfants»* lernen, auf verschiedenen Stufen Ihr Inhaltsverständnis zu überprüfen und ein «résumé» von einem weitgehend dialogisierten Text anzufertigen.

Au revoir les enfants (extrait du scénario du film de Louis Malle)

Texte 2

C'est sous l'Occupation allemande, que Julien Quentin, âgé de 13 ans, est mis à l'internat où il se lie d'amitié avec Jean Bonnet. Puis, il apprend que Jean s'appelle en réalité Kippelstein et qu'il est juif. Les pères religieux qui dirigent l'internat le cachent pour le protéger contre les Nazis. Un jour, Mme Quentin rend visite à son fils. Ils vont tous au restaurant: François, le frère aîné de Julien, Julien, Mme Quentin et Jean Bonnet.

[Mme Quentin sourit à Bonnet.]
Mme Quentin: Je parie que vous êtes lyonnais. Tous les Gillet sont de Lyon et ils fabriquent tous de la soie.
Julien: Il s'appelle Bonnet, pas Gillet. Et il est de Marseille.
Mme Quentin: (elle se tape la tête) Bien sûr! J'ai connu une Marie-Claire Bonnet à Marseille, une cousine des DuPerron, les huiles. C'est votre mère?
Bonnet: Non, madame. Ma famille n'est pas dans les huiles.
Mme Quentin: Tiens, ça m'étonne.
Julien: Le père de Bonnet est comptable.
Mme Quentin: Ah bon!

[Seul à une table, un vieux monsieur très élégant demande son addition. Le maître d'hôtel s'adresse à lui comme à un familier.] *Stammkunden*
Le maître d'hôtel: Tout de suite, monsieur Meyer. Vous avez bien déjeuné?
Meyer: (sourire) Le lapin était acceptable.

[Deux miliciens en uniforme sont entrés dans le restaurant et inspectent les tables. Le plus jeune s'approche de Meyer.]
Le milicien: Vos papiers, monsieur.
[Meyer écrase sa cigarette, sort son portefeuille, tend sa carte d'identité].
Le milicien: (très fort) Dis donc toi, tu ne sais pas lire? Ce restaurant est interdit aux *youtres.*
[Un grand silence s'est fait dans le restaurant. Julien regarde Bonnet, qui regarde Meyer.]
Mme Quentin: Qu'est-ce qu'ils ont besoin d'embêter les gens? Il a l'air si convenable, ce monsieur.
[Le maître d'hôtel s'avance]
Le maître d' hôtel: M. Meyer vient ici depuis vingt ans. Je ne peux pas le mettre à la porte quand même.
Le milicien: Toi, ferme-la, *le loufiat.* Je pourrais vous *faire révoquer votre licence.*
François: (à mi-voix): Collabos!
[L'autre milicien s'avance vers lui. Il est gros et vieux, avec une moustache.]
Le milicien: C'est toi qui as dit ça?
Mme Quentin: Tais-toi, François! *(au milicien)* C'est un enfant. Il ne sait pas ce qu'il dit.
Le milicien: Nous sommes au service de la France, madame. Ce garçon nous a injuriés.

[Les autres clients se mêlent à la discussion: il y en a qui critiquent le comportement des miliciens, d'autres l'approuvent. Finalement, un officier allemand qui est très ivre (betrunken) chasse les miliciens. *Bonnet regarde Meyer remettre son portefeuille dans son veston.*]
Julien: (brusquement) On n'est pas juifs, nous?
Mme Quentin: Il ne manquerait plus que ça!
Julien: Et la tante Reinach? C'est pas un nom juif?
Mme Quentin: Les Reinach sont alsaciens.
François: Ils peuvent être alsaciens et juifs.
Mme Quentin: Fichez-moi la paix. Les Reinach sont très catholiques. S'ils vous entendaient! Remarquez, je n'ai rien contre les juifs, au contraire. A part *Léon*

youtres: sehr negativer Ausdruck für: Jude
le loufiat: sehr negativer Ausdruck für: Kellner
faire révoquer votre licence: Lizenz entziehen lassen
Collabos: Kollaborateure
Léon: in den dreißiger Jahren Premier ministre der ersten Volksfrontregierung

Blum, bien entendu. Celui-là, ils peuvent le *pendre*. Julien, tiens-toi droit. — *hängen*

(extrait de: Scénario: Au revoir les enfants. Un film de Louis Malle. © Editions GALLIMARD)

Devoir 8:

Répondez aux questions sur le contenu:

a) Qu'est-ce que Mme Quentin veut savoir?

b) Pourquoi est-ce que le milicien s'attaque à M. Meyer? Et au maître d'hôtel?

c) Pourquoi est-ce que Julien mentionne sa tante Reinach?

Devoir 9:

Répondez aux questions sur le comportement des personnages/leur «portrait»:

a) Lisez les lignes 1 à 13: Qu'apprend-on sur le caractère de Mme Quentin?

b) Montrez de quelle manière l'antisémitisme du milicien se révèle dans sa façon de parler.

c) En quoi l' attitude de François contraste-t-elle avec le comportement des autres adultes; à l'égard des miliciens et des juifs?

Devoir 10:

Répondez aux questions sur le choix de la perspective:

a) Après avoir relu les lignes 20 à 44, mettez-vous à la place du metteur en scène: Quelles scènes filmeriez-vous en gros plan (Großaufnahme)? Justifiez votre choix.

b) Regardez cette photo du film. Décrivez et analysez le choix de la perspective:

Sie finden hier eine Auswahl von Begriffen bezüglich der Einstellung der Kamera:

le plan d'ensemble	= Totale; zeigt z. B. eine Gruppe von Menschen und den Raum, in dem sie sich befinden.
le plan américain	= Amerikanisch; zeigt eine Person bis etwa unterhalb der Hüfte, lenkt die Aufmerksamkeit des Zuschauers auf das Spiel der Person(en), Beziehungen zwischen Personen.
le plan rapproché	= Nahaufnahme; entspricht etwa dem Brustbild einer Person, Gesichter und Blicke von Gesprächsteilnehmern etwa können so deutlich gezeigt werden.
le gros plan	= Großaufnahme; zeigt nur das Gesicht einer Person, betont Blicke, Gesichtsausdruck.
le très gros plan	= Detailaufnahme; zeigt nur einen kleinen Ausschnitt (Hand, Auge, Gegenstand), der so riesig erscheint und völlig ins Zentrum der Aufmerksamkeit gerückt wird.

Devoir 11:

a) Cet extrait de scénario contient trois parties bien distinctes: Résumez chaque partie en une phrase ou deux.
b) Puis écrivez un résumé.

Comment s'y prendre?

1. Benennen Sie in einem Satz Ort, Hauptpersonen und Schlüsselereignis/-vorfall dieser Szene.
2. Achten Sie darauf, die Dialoge nicht in indirekter Rede wiederzugeben, sondern als Handlungen zu präzisieren.

Beispiel: Mme Quentin entame une conversation avec Bonnet pour savoir qui sont ses parents/Mme Quentin interroge Jean Bonnet sur ses parents parce qu'elle aimerait savoir s'il est d'une famille qu'elle connaît. Jean ne dit pas grand chose, c'est Julien qui répond à sa place.

Devoir 12:

Souvent, au cours de cette scène, les personnages restent muets.
Complétez la grille et essayez de trouver des explications ou des hypothèses en ce qui concerne la raison et la fonction de ce mutisme (Schweigen).

La situation où un personnage se tait	Hypothèse/explication
Mme Quentin: «Tous les Gillet sont de Lyon et ils fabriquent tous de la soie» Jean Bonnet se tait.	Jean Bonnet sait que cette femme ne s' intéresse pas vraiment à lui, il se sent alors mal à l'aise.
…	

** Devoir facultatif:*

Bonnet regarde M. Meyer lorsque celui-ci remet son porte-feuille dans son veston. Mettez-vous à la place de Bonnet et écrivez un monologue intérieur (en trois ou quatre phrases).

** Devoir facultatif:*

Essayez d'expliquer les motifs (le sens caché) de la question de Julien: On n'est pas juifs, nous?

***** Devoir facultatif:***

La suite du film: Un jour, un homme de la Gestapo entre dans la classe. Il demande: Lequel d'entre vous s'appelle Jean Kippelstein? Personne ne répond, le professeur dit qu'il n'y a personne de ce nom dans la classe. Julien ne peut s'empêcher de regarder vers Bonnet, une fraction de seconde (Bruchteil einer Sekunde).
Que se passera-t-il après? Pourquoi?

Résultats principaux

1. **Verständnis einer Dramenszene:** Das Verständnis einer Dramenszene vollzieht sich auf verschiedenen Ebenen:
   – der **Inhaltsebene:** Was passiert?
   – der **Personen- und Beziehungsebene:** Was erfährt man dadurch über den Charakter der Personen und ihre Beziehungen zueinander? (s. dazu auch: 2. 3)
   und der **Handlungsebene:** Was für eine Stellung und Funktion hat die Szene im Gesamtzusammenhang des Stücks?

2. **Textwiedergabe:** Aus dem Deutschunterricht wissen Sie, dass die Textwiedergabe/Inhaltsangabe einer Dramenszene mehr als die Umwandlung der Dialoge in indirekte Rede sein muss: Sie müssen die Sprechakte konkret benennen. Eine weitere Besonderheit von Dramenszenen ist Ihnen hier begegnet: Auch wenn die Personen schweigen, sprechen sie, d. h., Sie müssen nicht nur das, was gesagt wird, sondern auch die Gesten, Blicke, Mimik einbeziehen (wenn Sie das Stück lesen, natürlich nur soweit sie durch die Regieanweisungen deutlich werden).

3. **Interpretation der Filmsprache:** Ähnliches gilt auch für die Wiedergabe von Filmszenen. Da der Zuschauer nur das sieht, was die Kamera ihm „zeigt", müssen Sie auf die Kameraperspektive, die Einstellungsgrößen und die Schnitte genau achten. Die Bildführung ist ein wichtiges Gestaltungsmittel des Films.

2.3 Compréhension et analyse d'une pièce de théâtre

Verständnis und Analyse eines Theaterstücks

Auch in diesem Teilkapitel werden Sie die inhaltlichen Zusammenhänge eines Dramenauszugs herausarbeiten. Das ist hier allerdings etwas schwerer, da der Text wenig Handlung, zahlreiche politische Anspielungen enthält und in der Umgangssprache abgefasst ist. Die Beschäftigung mit den Beziehungen der Personen untereinander steht hier im Mittelpunkt: Dadurch üben Sie, zur Interpretation ihrer Beziehungen die Sprache der Personen und ihre Funktion heranzuziehen.

Note Biographique

Loleh Bellon est connue pour être une grande comédienne, elle est également un grand auteur, entre autres, trois grands succès: *Les Dames du jeudi (1976), Changement à vue (1978) et Le cœur sur la main (1980).*

Loleh Bellon, *Le Cœur sur la main*

Texte 3

Personnages: Jacques Forestier, 50 ans, gynécologue (Frauenarzt)
Geneviève, sa femme, 45 ans, travaille pour la télé
Stéphane, leur fils, 20 ans
Marcelle, 56 ans, leur femme de ménage

La pièce se compose de huit tableaux et est découpée en 21 scènes. Voici un extrait de la scène 12.

(Jacques vient de rentrer du Sénégal, d'un congrès de médecins. Jacques et sa femme sont déjà à table, Marcelle vient de les servir. Stéphane arrive en retard. La conversation va tout de suite commencer sur un ton très ironique, surtout entre le père et le fils.)

La porte s'ouvre. C'est Stéphane, venant de l'extérieur

[…]

Jacques: Ah, te voilà, toi! D'où sors-tu? Une distribution de *tracts* sur les marchés parisiens? Les masses laborieuses vous ont prêté une oreille attentive? J'ai fait bon voyage, merci!

Marcelle: [passant la tête]. Vous attaquez directement par la *blanquette*, monsieur Stéphane?

Stéphane: Oui, je veux bien.

[A Jacques] Alors les rois nègres? Toujours aussi *farceurs*?

Jacques: Hilarants

[…]

Jacques: Sers-toi. *Nous avons beau être les alliés objectifs de la réaction,* nous t'en avons tout de même gardé un morceau.

Stéphane: Vous avez gravement *colloqué* sur les bienfaits de la *contraception*, entourés d'une population aussi nombreuse qu'*affamée*?

Jacques: Il vaut mieux leur envoyer des pilules que des instructeurs militaires.

Stéphane: Vous leur jetiez vos restes après les repas?

Jacques: Pourrais-tu avoir l'extrême *obligeance* d'éteindre ta cigarette quand tu te mets à table? Que tu t'*empoisonnes les poumons*, c'est ton problème, mais je ne vois aucune raison d'en subir les *inconvénients*.

[Stéphane éteint sa cigarette. Un temps.]

Geneviève: J'ai lu une très jolie anecdote. Quand on parlait de Heine à son oncle Salomon, un riche banquier de Hambourg, il disait d'un air *navré*: «Ach! Si ce garçon avait appris quelque chose, il n'aurait pas besoin d'écrire des livres …

[Geneviève et Jacques rient.]

Jacques: C'est comme la mère de Marx qui se lamentait toujours: «Au lieu d'écrire son Capital, il aurait mieux fait d'en *amasser* un!»

Stéphane: Sie vous voulez que je m'inscrive à *HEC*, dites-le carrément!

das Flugblatt
Kalbsragout
lächerliche Witzbolde
sehr komisch
Obwohl wir so reaktionär sind
Rede halten
Empfängnisverhütung
ausgehungert
Freundlichkeit
Lunge vergiften
Unannehmlichkeiten ertragen
betrübt
Anspielung auf Marx' Werk
anhäufen
Hautes Etudes Commerciales (eine der karriereträchtigsten Hochschulen in Paris)

Jacques: Et pourquoi pas? Cela n'aurait rien de *déshonorant*.

[…]

Geneviève veut éviter les conflits, elle change de sujet de conversation et parle de son travail.

Geneviève: Je ne suis pas sûre de la terminer, cette émission. Ils refusent de me compter les heures que j'ai passées à la *Nationale*. Il faut tout de même avoir une idée du sujet qu'on traite, non? J'en ai par-dessus la tête de *ces discussions de marchands de tapis*.
Toujours à essayer de vous *grignoter* une heure! …

Stéphane: Tiens, à propos, j'ai retrouvé une phrase de ton poète.

Geneviève: Oh merci, tu es gentil.

Stéphane: [lisant] «Elle est depuis longtemps jugée, *condamnée*, cette vieille société. Que justice se fasse! Qu'il soit brisé ce cieux monde, où l'innocence a *péri* où l'égoïsme a *prospéré*, où l'homme a été *exploité* par l'homme.»

Geneviève: C'est magnifique.

Jacques: Un peu dépassé, non? On *égalise* au *lance-flammes*, à présent. Le socialisme des tanks.

Stéphane: Facile.

Jacques: Je sais de quoi je parle. Je m'en suis donné du mal pour *faire se lever des lendemains qui chantent*. J'en ai distribué des tracts, j'en ai crié des slogans … Ça a mal tourné, d'accord, mais les intentions étaient bonnes …

Stéphane: Merci.

[Un temps]

Jacques: Elles sont presque toujours bonnes, d'ailleurs, c'est bien ça le drame … Chercher à faire le bonheur de l'humanité … Est-ce que ce n'est pas là que tout commence à *se gâter*?

Geneviève: [à mi-voix] Il a rendu sa *carte*, n'insiste pas.

Jacques: Comment il a rendu sa carte?

Geneviève: Ecoute, Jacques …

Jacques: J'aimerais savoir pourquoi, c'est défendu?

Geneviève: Fiche-lui la paix!

- *entehrend*
- *Bibliothèque Nationale*
- *feilschen wie Teppichhändler*
- *knausern, wegstreichen*
- *z. Tode verurteilt*
- *zu Grunde gehen*
- *sich auszahlen/ausbeuten*
- *für Gleichheit sorgen*
- *Flammenwerfer*
- *hier: billig, mies*
- *eine bessere Zukunft bauen*
- *schief gehen*
- *Mitgliedskarte (einer Partei, hier der kommunistischen)*

Jacques: Mais ça m'intéresse!

Stéphane: Et pourquoi je me suis inscrit, ça t'intéresse? *[Un temps]* C'est à cause de toi. *J'en avais marre* de t'entendre *rabâcher* sans arrêt les mêmes désillusions. Mes expériences, j'ai envie de les faire moi-même.

die Nase voll haben
ständig wiederholen

[Un temps.]

Jacques: Nous en sommes au même point, à présent.

Stéphane: Ah ça non, alors, merci bien! *Le côté ancien combattant*, tu peux te le garder.

Deine Allüren als alter Kämpfer

Geneviève: Ecoute, Stéphane, sois poli avec ton père.

Stéphane: J'en ai rien à foutre de ses états d'âme!

Ich pfeife auf seine Seelenlage

[Il sort vers sa chambre. Un temps.]

Geneviève: Tu l'as *cherché*. Avoue.

provozieren

[Marcelle entre pour desservir.]

abräumen

Jacques: Tu te souviens ce que racontait notre interprète, à Moscou?

Geneviève: Vera?

Marcelle: Ah, vous y avez été?

Jacques: A propos de la jeunesse …

Marcelle: Il paraît que là-bas, il y a des écoles partout, même pour les vieux. Et des *crèches*, aussi. C'est Madame Daniel qui en parlait, justement.

Kinderkrippe

Jacques: Ici, il n'y a peut-être pas assez de crèches, mais vous pouvez écrire ce que vous voulez. Vous êtes libre.

Marcelle: Oui, mais j'ai personne à qui écrire. *[Elle emporte les assiettes.]* Quand on voit ce chômage qu'il y a et tout … Je fais pas de politique. Mais là-bas tout le monde peut travailler … à ce qu'on dit!

[Elle est sortie. Un temps.]

Jacques: Bravo.

Geneviève: Qu'est-ce que j'ai encore fait?

Jacques: Tu l'as *dénichée* où, *ta kolkhozienne*? *[Il l'imite.]* «Là-bas tout le monde peut travailler.» Travailler où? Aux mines de la Kolima?

auftreiben, hier: deine Kommunistin

Geneviève: Ce qui me plaît chez toi, c'est ta *mesure*.

Zurückhaltung, Ausgewogenheit

(Loleh BELLON, Le Cœur sur la main, recueilli dans les dames du jeudi, © Editions GALLIMARD)

Devoir 13:
Lisez l'extrait du scénario *Le Cœur sur la main* et résumez en quelques lignes la situation:
Où, quand se déroule l'action?
Quelles personnes jouent ici un rôle important?

Devoir 14:
Cette scène contient – parfois seulement par allusions – de nombreux sujets de discussions. Relevez dans une grille d'après le modèle ci-dessous les sujets avec la référence à la ligne et la personne qui parle!

le père	le fils	la mère	Marcelle
l. 26 les inconvénients de la cigarette	l. 18 la contraception		

Devoir 15:
Le père et son fils ne sont pas d'accord sur de nombreux points. S'agit-il dans cette scène

a) d'une rencontre amusante après le retour de Jacques?

b) d'une dispute amicale et pleine de plaisanteries?

c) d'un conflit sérieux où le ton ironique est parfois blessant pour les personnes concernées?

Cochez la bonne réponse!

Devoir 16:
Stéphane ne supporte plus l'ironie de son père et lui demande de lui dire clairement ce qu'il lui reproche. «Traduisez» les reproches du père aux lignes 3–6.

Comment s'y prendre?

Vous transformez par exemple:
«Ah, te voilà toi!» par un «Bonjour, Stéphane. Tu ne rentres qu'à cette heure-ci? Pourquoi es-tu en retard?»

Devoir 17:

Quels sont les reproches que fait
1. le père au fils
2. le fils au père?

Relevez tous les reproches exprimés dans cet extrait! Notez les figures de style qu'ils emploient!

Comment s'y prendre?

Voici un exemple:

Reproches du père	**Reproches du fils**	**Figures de style**
Le fils fume, cela nuit à sa santé (l. 23–26): *«Pourrais-tu avoir l'extrême obligeance ...»*		*politesse exagérée*

** Devoir facultatif 1:*

Interprétez les didascalies et ajoutez-en! (lignes 7–40)

Comment s'y prendre?

Voilà un exemple:

l. 7 Marcelle (passant la tête) montre qu'elle est d'une part curieuse et d'autre part soucieuse de servir Stéphane.
l. 10 Stéphane (un peu gêné et poli) etc.

** Devoir facultatif 2:*

En vous référant au devoir 17 et au genre de reproches que fait Stéphane à son père, faites le portrait de Stéphane!

Comment s'y prendre?

1. Vorschlag für eine Gliederung:

Sa situation: sein Milieu, seine Konflikte
Son physique: Aussehen, Kleidung
Ses activités: sein politisches Interesse, sein Studium
Son langage: seine Sprache (gepflegt, ironisch, ordinär?)

2. Ein Auszug aus einer andere Szene kann durchaus hilfreich sein, zum Beispiel wenn Stéphane seiner Mutter sagt:

«J'ai besoin de prendre du champ (Abstand gewinnen), *il ne faut pas m'en vouloir … J'en ai marre … De tout. La politique, la gueule* (Fresse) *des gens. Tout ça me fait chier* (kotzt mich an) *… Avec ce que j'ai gagné cet été, je pourrai vivre un petit bout de temps. Après on verra.»*

*** Devoir facultatif 3:*

Mettez-vous à la place de la mère de Stéphane!
Parlez de votre situation, de votre comportement vis-à-vis de votre mari et de votre fils!

*** Devoir facultatif 4:*

1. a) Que dit Jacques de Marcelle? Comment la juge-t-il?
1. b) Et vous, comment la jugez-vous? La trouvez-vous: timide, bien informée en politique, franche, impolie, discrète, intimidée par Jacques, impertinente, sans gêne, simple d'esprit?
Choisissez les adjectifs qui conviennent pour caractériser Marcelle et justifiez votre choix!
2. Que dit Marcelle de Jacques? Comment le juge-t-elle?

Devoir 18:

Ecrivez un commentaire: En vous référant à ce que dit M. Bosquet, dites
1. si Stéphane a raison en reprochant le congrès au Sénégal à son père et
2. si le père de Stéphane n' aurait pas d'autres possibilités efficaces pour aider les pays du tiers monde.

Michel Bosquet dit dans le Nouvel Observateur du 8 juin 1981: *«Les causes de la faim, il faut les chercher d'abord dans nos propres assiettes: c'est-à-dire dans une politique qui permet aux multinationales de nous gaver de mets exotiques et, avec l'aide des gouvernements, de maintenir à la tête des pays qu'elles affament une oligarchie qui vit et pense à l'occidentale.»*

les multinationales (f): entreprises puissantes présentes dans plusieurs pays
gaver qn: remplir qn de nourriture
un mets: eine Speise, ein Gang (beim Essen)
penser à l'occidentale: avoir la même mentalité, vouloir vivre comme les Européens
oligarchie (f): minorité au pouvoir dans les pays du tiers monde

Comment s'y prendre?

Der Textkommentar, den Sie anfertigen sollen, bezieht sich auf eine Aussage (aus dem Theaterstück), welches hier mit einem nicht-literarischen Text (hier: Zitat aus dem *Nouvel Observateur*) verdeutlicht, verglichen, ergänzt, bejaht oder gar verneint wird.

Von Ihnen erwarten wir hier eine persönliche Stellungnahme, dabei sollen Sie Ihre eigene Meinung mit der des Autors (Loleh Bellon und Bosquet) konfrontieren.

Résultats principaux

1. Textverständnis/Personenkonstellation
Diese sozialkritische Komödie bezieht ihre Spannung aus der komplizierten Beziehung zwischen Vater und Sohn. Dabei kommt es nicht zum offenen Streit, aber der Zuschauer spürt, dass sich ein größerer Konflikt hinter ihren Worten verbirgt. Diesen „Subtext" haben Sie vor allem in den *Devoirs facultatifs* herausgearbeitet.
Auch im übernächsten Teilkapitel (2.5) wird es notwendig sein, hinter den Worten der Protagonisten das zu erkennen, was sie eigentlich meinen.

2. Erörterung
Die Erörterung, die Sie anfertigen sollen, bezieht sich auf eine Aussage aus dem Theaterstück, welche mit einem Zitat aus einem nicht-literarischen Text (Zitat aus dem *Nouvel Observateur*) konfrontiert wird. Sie formulieren eine persönliche Stellungnahme. Sie beziehen sich dabei auf beide Texte und setzen sich mit ihren Aussagen kritisch auseinander. Sie können ihnen zustimmen, sie einschränken oder auch verwerfen.

2.4 Compréhension approfondie et analyse

Erweitertes Textverständnis und Analyse

In diesem Teilkapitel werden Sie mithilfe von Zusatzinformationen einen Zugang zum Verständnis eines schwierigeren Textes finden. Sie werden auch lernen, wie Sie diese Informationen für Ihre eigene Analyse nutzen können.

Note biographique

Eugène Ionesco (1912–1994)
Malgré ses origines roumaines, Eugène Ionesco écrit en français parce qu'il a passé son enfance en France et qu'il y est retourné après avoir passé 14 ans en Roumanie. Il fait partie de cette génération d'écrivains qui est fortement marquée par les découvertes de la science (théorie d'Einstein) qui ont fait voler en éclats (zerschmettern) les valeurs traditionnelles et par les événements historiques (les deux guerres mondiales, la révolution soviétique, l'émancipation des peuples colonisés ...). A la différence de Brecht et de Sartre (voir page 87), Samuel Beckett et Eugène Ionesco se tournent non pas vers le théâtre engagé mais vers le théâtre absurde (voir page 55). Ionesco écrit de véritables anti-pièces, dans ce sens qu'il n'y a ni héros ni évolution vers une fin vraisemblable ou logique. Mais malgré les étranges situations où se trouvent ses personnages médiocres, impuissants et souvent incapables d'exprimer ce qu'ils ressentent, le théâtre d'Ionesco fascine les spectateurs qui se sentent peu à peu envahis (ergriffen) par une peur grandissante.

Texte 4

Eugène Ionesco, *Le Roi se meurt*

Dès le lever du rideau, le spectateur apprend que tout va mal dans le royaume de Bérenger I: La salle du trône est sale, le radiateur (Heizung) ne marche plus, il y a des fissures (Risse) dans les murs, Marie, sa deuxième femme a pleuré et sa première femme Marguerite semble s'attendre au pire (mit dem Schlimmsten rechnen).

Marguerite: (au Roi) Sire, on doit vous annoncer que vous allez mourir.

Le médecin: Hélas, oui, Majesté.

Le Roi: Mais je le sais, bien sûr. Nous le savons tous. Vous me le rappellerez quand il sera temps. Quelle manie avez-vous, Marguerite, de m'entretenir de choses désagréables dès le lever du soleil.

Marguerite: Il est déjà midi.

[...]

Le médecin: Majesté, la reine Marguerite dit la vérité, vous allez mourir.

Le Roi: Encore? Vous m'ennuyez! Je mourrai, oui, je mourrai. Dans quarante ans, dans cinquante ans, dans trois cents ans. Plus tard. Quand je voudrai, quand j'aurai le temps, quand je le déciderai. En attendant, occupons-nous des affaires du royaume. *[Il monte les marches du trône.]* Aie! Mes jambes, mes *reins*. J'ai attrapé froid dans ce palais mal chauffé. *[A Marie qui essaye de le soutenir]* Non, j'arriverai. *[Il s'aide de son sceptre comme d'un bâton]* Ce sceptre peut encore servir. *[Il réussit péniblement à s'asseoir, aidé tout de même de la reine Marie]* Mais non, mais non, je peux. ça y est! Ouf! Il est devenu bien dur ce trône. On devrait le faire *rembourrer*. Comment se porte le pays ce matin?

reins: *Nieren*

rembourrer: *polstern*

Marguerite: Ce qu'il en reste.

Le Roi: Ce sont encore de beaux restes. De toute façon, il faut s'en occuper, cela vous changera les idées. Qu'on fasse venir les ministres. *[Apparaît Juliette, la femme de ménage]* Allez chercher les ministres, ils sont sans doute encore en train de dormir. Ils s'imaginent qu'il n'y a plus de travail.

Juliette: Ils sont partis en vacances. Pas bien loin puisque les terres se sont raccourcies et *rabougries*. Ils sont à l'autre bout du royaume, c'est-à-dire à trois pas, au coin du bois, au bord du ruisseau. Ils font la pêche, ils espèrent avoir un peu de nourriture pour nourrir la population … — *verkümmert, verkrüppelt*

Le Roi: Qu'on fasse quelque chose!

Marguerite: On ne peut plus rien améliorer, on ne peut plus guérir personne, vous-même ne pouvez plus guérir.

Le Roi: Je ne suis pas malade … ça va même très bien.

Marguerite: Tu vas mourir dans une heure et demie, tu vas mourir à la fin du spectacle.

Le Roi: Que dites-vous ma chère? Ce n'est pas drôle.

Marguerite: Tu vas mourir à la fin du spectacle.

Le Médecin: Oui, Sire, vous allez mourir. Vous n'aurez pas votre petit déjeuner demain matin. Pas de dîner ce soir non plus. Le cuisinier a éteint le gaz. Il rend son *tablier*. Il range pour l'éternité *les nappes* et les serviettes dans le *placard*. — *Schürze*, *Tischdecken*, *Wandschrank*

(Eugène Ionesco, Le Roi se meurt, Editions Gallimard)

Devoir 19:

Le Roi se meurt, cela veut dire

a) que le Roi va mourir dans un bref délai (binnen kurzem)

b) qu'on assiste à l'agonie (Todeskampf) du Roi

c) que le Roi est mort.

Cochez la bonne réponse.

Devoir 20:

* Bérenger I apprend * qu'il mourra bientôt. D'abord, il ne veut pas y croire *, mais le spectateur comprend qu'il est malade * et on * lui répète qu'il mourra *.
Complétez ce résumé très bref, là où se trouvent des astérisques.

Devoir facultatif:
Cet extrait se trouve au début de la pièce *Le Roi se meurt.* Imaginez la suite.

Devoir 21:
Le Roi se meurt – une tragédie? Citez les passages du texte qui ne correspondent pas au caractère d'une tragédie et faites une liste.
Exemple: Les ministres sont en vacances.

Devoir 22:
a) Faites une description de l'état de santé du roi et du royaume.
b) Tirez-en une conclusion.

la santé du roi	**l'état du royaume**
Il croit se réveiller au lever du soleil – il est déjà midi	«ce qui en reste» – il devient plus petit

Devoir 23:
Dès le lever du rideau, le spectateur commence à se poser des questions auxquelles la pièce ne lui donne pas de réponses claires et nettes:
a) – Pourquoi Marguerite et le médecin annoncent-ils d'une manière si brutale à Bérenger qu'il va mourir?
– Puisqu'il y a la certitude (Gewissheit) de cette mort – dans quelle mesure un conflit (lequel) ou une évolution seront-ils possibles?
– Pourquoi Ionesco a-t-il choisi un «Roi» et non pas un être «normal»?
– Pourquoi le royaume est-il en train de devenir de plus en plus petit?
Trouvez les réponses à ces questions dans le texte suivant:

Comment s'y prendre?

Die Antworten auf die Fragen finden Sie in chronologischer Reihenfolge im Text. Unterstreichen Sie sie im Text oder schreiben Sie die entsprechenden Stellen heraus. Dann formulieren Sie die Antworten möglichst in eigenen Worten.

La pièce est un continu, sans indication d'actes ni de scènes. Elle se déroule dans un décor vaguement gothique et vétuste (altertümlich), qui doit s'effacer à la fin pour apparaître comme un lieu vide, un pays de nulle part dans une lueur de crépuscule (Dämmerung). Le royaume de Bérenger I est, depuis quelque temps frappé de marques de décrépitude (Verfall). La reine Marguerite, première épouse du Roi, et le médecin du palais ont compris ce qui s'annonçait. La reine Marie, seconde épouse du Roi, voudrait qu'on cache le plus longtemps possible la vérité au souverain afin de l'épargner (schonen), Marguerite et le Médecin jugeant que de tels égards (Rücksichtnahmen) font plus de mal que de bien au condamné, entreprennent de le préparer à la mort. Bérenger affecte (tun als ob) tout d'abord de croire à une mauvaise plaisanterie et se refuse à les écouter. Mais il est peu à peu contraint de se rendre à l'évidence. (Wahrheit eingestehen) [D'abord], il se révolte, puis se désespère, puis, lentement, se résigne. Ses familiers, son palais, toute chose échappent peu à peu à son emprise (Zugriff) et disparaissent un à un … Cette pièce traite uniquement de la mort dans son universalité; elle ne met sur scène qu'un seul protagoniste, tous les autres personnages ne figurant dans le drame que par rapport à (in Beziehung zu) lui. Mais – pourquoi un roi? Il est important de comprendre que tout homme est roi et que le monde lui est donné à sa naissance comme champ d'activités et de découverte. Vivre, c'est prendre possession du monde. Mourir, c'est en perdre la disposition (Verfügungsgewalt). Celui qui vieillit sent le monde échapper peu à peu à sa prise. C'est pourquoi, antérieurement même au lever du rideau, le royaume de Bérenger a commencé de se rabougrir, alors que rien n'avertissait encore le souverain que ses forces et ses pouvoirs étaient sur leurs déclins (im Verfall begriffen). Ainsi, la mort d'un homme, c'est d'abord la mort du monde à cet homme … C'est dire que la pièce à laquelle nous assistons n'est en aucune façon dramatique: le héros est condamné d'avance. Dans *Le Roi se meurt* l'inéluctabilité (Unausweichlichkeit) du dénouement est encore accusée (verstärkt) par le fait que Bérenger s'entend dire qu'il mourra à la fin du spectacle.

(Extrait de la préface de «Le Roi se meurt» par Colette Audry, Nouveaux Classiques Larousse, © Librairie Larousse, Paris, 1962)

b) Dites pourquoi la mort de ce Roi ni courageux ni sympathique peut toucher le spectateur.

Devoir 24:

Dans le devoir 21, vous avez noté tous les éléments inattendus dans le contexte d'une tragédie.
Maintenant, analysez les éléments du comique et du grotesque. Quels en sont les effets et la fonction?

Comment s'y prendre?

Die Stilmittel der Komödie, des Komischen kennen Sie schon, z. B. die Übertreibungen, die Verwechslungen, die Wiederholungen, die Wortspiele. In diesem Dramenauszug kommen auch noch Elemente der Groteske dazu, die Komisches und Grausiges, Lächerliches und Schreckliches in einer oft übertrieben karikierenden, fantastischen und irrealen Weise verbindet, z. B. in der Beschreibung des Landes, der Krankheit des Königs, des Verhaltens der Personen.

Résultats principaux

Einbeziehen von Zusatzinformationen: Wie Sie gesehen haben, können und sollen Sie sich auch einem „komplizierten" Theaterstück so annähern, wie Sie es aus vielen Übungen bereits kennen:

Durch:
1. eine Analyse des Titels, die Ihnen später eine Hilfe zur Interpretation sein kann,
2. eine gründliche Beschäftigung mit dem Inhalt, die zur Textwiedergabe führen soll, eventuell eine Charakteristik der Hauptfiguren,
3. eine Analyse der formalen Mittel.

Erst wenn Sie mit diesem „textimmanenten" Vorgehen nicht weiterkommen, empfiehlt es sich, Zusatzinformationen zu nutzen. Das können
– Informationen zur Biographie, zum Gesamtwerk des Autors
– Darstellungen über die Epoche, in der das Stück entstanden ist
– Interpretationen des Stücks o. Ä. sein.

Wir empfehlen Ihnen als Hilfe zum Verständnis eines Stückes einen selektiven Umgang mit solchen Zusatztexten. Tipp: Formulieren Sie für sich schriftlich alle Fragen, die Sie nach gründlicher Beschäftigung mit dem Stück noch haben, und suchen Sie dann in den Zusatztexten gezielt nach Antworten auf Ihre Fragen.

2.5 Analyse et interprétation

Analyse und Interpretation

Auch in diesem Teilkapitel werden Sie die handlungsrelevante Spannung zwischen den einzelnen Personen herausarbeiten. Hinzu kommt, dass die Dramen von Sartre eine Kenntnis des philosophischen Hintergrundes erfordern. Also werden Sie auch diesmal wieder einen Zusatztext erhalten und ihn für die Interpretation des Textausschnittes auswerten. Darüber hinaus werden Sie erfahren, wie Sie einen *commentaire personnel* verfassen können.

Note biographique

Jean-Paul Sartre (1905–1980)
est romancier, scénariste, nouvelliste, critique et philosophe.
Avant la Deuxième Guerre mondiale, il écrit entre autres *La Nausée* (1938) et *Le Mur* (1939). La période qui nous intéresse ici est la période de l'Occupation allemande en France. Cette période voit une suite de romans tels que *Les chemins de la liberté,* des pièces de théâtre telles que *les Mouches* (1943), *Huis clos* (1943), des scénarios tels que *Les jeux sont faits* (1942). Sartre est considéré comme le chef de file (maßgeblicher Vertreter) de l'existentialisme.

Résumé: *Huis clos (pièce en un acte)*
Dans un salon sont enfermés pour l'éternité trois morts: Garcin, Estelle et Inès qui sont étonnés de ne pas trouver de bourreau (Henker). Garcin est journaliste, Inès, sûre d'elle, est employée des postes et Estelle est une jolie femme.
Après une vaine (vergeblich) tentative de cohabitation (Zusammenleben), ils se mettent à avouer (gestehen) leurs crimes: Garcin buvait et trompait sa femme et était un lâche. Inès, lesbienne, a poussé la femme de son cousin au suicide, même au meurtre et Estelle a noyé son bébé et poussé son amant au suicide. Ils se racontent également la manière dont ils sont morts: Inès s'est suicidée au gaz, Estelle a eu une pneumonie (Lungenentzündung) et Garcin a été fusillé.
Aucun pacte à trois n'est possible.
Avant d'arriver à cette constatation, ils tentent par tous les moyens de s'isoler l'un de l'autre, de nier (verleugnen) l'autre, de le posséder (beherrschen): Au cours de la pièce, Inès essaie de séduire Estelle, Estelle essaie de séduire Garcin. Leurs efforts échouent (scheitern) et ils comprennent que «l'enfer, c'est les Autres» et ils continuent …

Texte 5

Jean-Paul Sartre, *Huis clos*
(Extrait de la longue – et dernière – scène 5)

Garcin:
Je dirigeais un journal pacifiste. La guerre éclate. Que faire? Ils avaient tous les yeux fixés sur moi. «Osera-t-il?» Eh bien, j'ai osé. Je me suis *croisé les bras* et ils m'ont *fusillé*. Où est la faute? Où est la faute?
Estelle: (lui pose la main sur le bras.)
Il n'y a pas de faute. Vous êtes …
Inès: (achève ironiquement.)
Un Héros. Et votre femme, Garcin?
Garcin:
Eh bien, quoi? Je l'ai *tirée du ruisseau.*
Estelle: (à Inès.)
Vous voyez! vous voyez!
Inès:
Je vois. *(Un temps)* Pour qui jouez-vous la comédie? Nous sommes entre nous.
Estelle: (avec insolence.)
Entre nous?
Inès:
Entre *assassins*. Nous sommes en enfer, ma petite, il n'y a jamais d'erreur et on ne *damne* jamais les gens pour rien.
Estelle:
Taisez-vous.
Inès: En enfer! Damnés! Damnés!
Estelle: Taisez-vous. Voulez-vous vous taire? Je vous défends d'employer des mots *grossiers*.
Inès:
Damnée, la petite sainte. Damné, le héros sans reproche. Nous avons eu notre heure de plaisir, n'est-ce-pas? Il y a des gens qui ont souffert pour nous jusqu'à la mort et cela nous amusait beaucoup. A présent, il faut payer.
Garcin: (la main levée.)
Est-ce que vous vous tairez?

croisé les bras – *hier: nichts tun*
fusillé – *erschießen*
tirée du ruisseau – *aus der Gosse auflesen*
insolence – *Arroganz, Frechheit*
assassins – *Mörder*
damne – *verdammen*
grossiers – *derb, unanständig*

Inès: (le regarde sans peur, mais avec une immense surprise.)	
Ha! *(Un temps)* Attendez! J'ai compris, je sais pourquoi ils nous ont mis ensemble.	
Garcin:	
Prenez garde à ce que vous allez dire.	*aufpassen*
Inès:	
Vous allez voir comme c'est bête. *Bête comme chou*! Il n'y pas de *torture* physique, n'est-ce pas? Et cependant nous sommes en enfer. Et personne ne doit venir. Personne. Nous resterons jusqu'au bout seuls ensemble. C'est bien ça? *En somme*, il y a quelqu'un qui manque ici: c'est le *bourreau.*	*ganz einfach* *Folter* *alles in allem* *Henker*
Garcin: (à mi-voix)	
Je le sais bien.	
Inès:	
Eh bien, ils ont *réalisé une économie de personnel.* Voilà tout. Ce sont les clients qui font le service eux-mêmes, comme dans les *restaurants coopératifs.*	*Personalkosten sparen* *(veraltet) Schnell-restaurant*
Estelle:	
Qu'est-ce que vous voulez dire?	
Inès:	
Le *bourreau*, c'est chacun de nous pour les deux autres.	*Henker*

(Jean-Paul SARTRE, Huis clos, © Editions GALLIMARD)

Devoir 25:

a) Relevez dans cet extrait les éléments qui caractérisent le lieu de l'action!

b) Comment l'enfer est-il organisé dans cette pièce? Où sont les différences entre l'enfer sartrien et l'enfer traditionnel?

Devoir 26:

Les trois personnages, Garcin, Estelle et Inès, qu'ont-ils de commun et de différent?

Comment s'y prendre?

a) Lesen Sie den Auszug aus *Huis clos* S. 88/89 und die kurze Zusammenfassung S. 87

b) Notieren Sie die Gemeinsamkeiten und Unterschiede zwischen Estelle, Inès und Garcin. Denken Sie dabei vor allem an ihr vergangenes Leben, an ihren Tod (Todesart) und an ihre jetzige Situation!

Devoir 27:

Sartre se sert de ces trois personnages (voir devoir 26) pour démontrer ce qu'il appelle «la mauvaise foi».

a) Lisez la définition suivante de Simone de Beauvoir:
«Sartre forgea la notion de mauvaise foi qui rendait compte selon lui, de tous les phénomènes que d'autres rapportent à l'inconscient … tricheries du langage, mensonges de la mémoire, fuites, compensations.» (La force de l'âge, p. 134, Paris, Editions Gallimard, 1960)

VOCABULAIRE

forger: schmieden, bilden – ***la mauvaise foi:*** das Sich-selbst-Belügen – ***rapporter à:*** beziehen auf – ***l'inconscient:*** das Unbewusste – ***la tricherie:*** die Betrügerei– ***le mensonge:*** die Lüge

b) En vous référant à la définition de la mauvaise foi donnée par Simone de Beauvoir, répondez aux questions suivantes:
Quels sont ici les personnages qui montrent de la «mauvaise foi»? Qui dénonce cette «mauvaise foi»?

Comment s'y prendre?

Pensez aux questions suivantes!
Qui parle ici de sa vie?
Qui fait des reproches? A qui? Quel genre de reproches?

**** Devoir facultatif: Le décor**

Vous avez déjà vu la fonction du décor dans une pièce de théâtre. Voir: Ionesco, *Le Roi se meurt,* page 82

Vous êtes metteur en scène et on vous propose ce décor, voir illustration ci-dessous, pour la pièce *Huis clos.*

Ce décor correspond-il à l'idée que vous vous faites à la première lecture de l'extrait proposé?

(Aus: Comédie Française: Huis Clos, Jean-Paul Sartre, n° spécial 185, mai 1990)

Devoir 28:

Le Mur de Jean-Paul Sartre est la première nouvelle d'un recueil de récits publiés en 1939. L'action se déroule en Espagne pendant la guerre civile (1936–1939) qui opposait les fascistes sous l'ordre de Franco et les républicains.

Dans ce récit, les fascistes ont pris des combattants républicains. Le narrateur, Pablo, décrit la journée et la nuit qu'il passe avec ses deux compagnons dans une cellule avant leur exécution.

Tous les trois, Pablo, Tom et Juan sont condamnés à mort.

Texte supplémentaire:

Il (Tom) ne répondit pas. J'avais déjà remarqué qu'il avait tendance à faire le prophète et à m'appeler Pablo en parlant *d'une voix blanche*. Je n'aimais pas beaucoup ça; mais il parait que tous les Irlandais sont ainsi. J'avais l'impression vague qu'il sentait l'urine. Au fond je n'avais pas beaucoup de sympathie pour Tom et je ne voyais pas pourquoi *sous prétexte que* nous allions mourir ensemble, j'aurais dû en avoir davantage …

Mais, entre Tom et Juan, je me sentais seul. … Il (Tom) parlait sûrement pour s'empêcher de penser. Il sentait l'urine à plein nez comme les vieux *prostatiques*. Naturellement j'étais de son avis, tout ce qu'il disait j'aurais pu le dire; ça n'est pas naturel de mourir. Et, depuis que j'allais mourir, plus rien ne me semblait naturel, ni ce tas de *poussier*, ni le banc, ni la sale gueule de Pedro. Seulement, ça me déplaisait de penser les mêmes choses que Tom. Et je savais bien que, tout au long de la nuit, à cinq minutes près, nous continuerions à penser les mêmes choses en même temps, à suer ou à *frissonner* en même temps. Je le regardai de côté et, pour la première fois, il me parut étrange: il portait sa mort sur sa figure. J'étais blessé dans mon *orgueil*: pendant vingt-quatre heures, j'avais vécu aux côtés de Tom, je l'avais écouté, je lui avais parlé, et je savais que nous n'avions rien de commun. Et maintenant nous nous ressemblions comme des frères *jumeaux*, simplement parce que nous allions *crever* ensemble.

tonlos
aus dem einfachen Grund
Prostata-Kranker
Staub
zittern, schaudern
Stolz
Zwillinge
krepieren

(Jean-Paul Sartre, Le Mur, Editions Gallimard)

Devoir supplémentaire:

Montrez dans quelle mesure cet extrait de récit *Le Mur* illustre une conviction sartrienne qu'Inès nous résume dans la cinquième scène de *Huis clos:* «Le bourreau, c'est chacun de nous pour les (deux) autres.»

Résultats principaux

1. Analyse der Personenkonstellation

In *Huis clos* ist Ihnen eine besonders extreme Personenkonstellation begegnet: eine Dreierkonstellation, in der immer einer die Rolle des „Henkers" übernimmt, desjenigen, der unerbittlich die Lebenslügen der anderen beiden aufdeckt, die sie freiwillig nicht eingestehen. So treibt diese Personenkonstellation die Handlung voran, die darin besteht, dass die Protagonisten immer mehr von ihrer eigentlichen Persönlichkeit enthüllen und erfahren, als sie eigentlich preisgeben wollen. Wie Sie in 2.3 gesehen haben, vollziehen sich diese „Enthüllungen" im Dialog, indem die Protagonisten in der Auseinandersetzung mit den anderen ihre wahren Empfindungen und Charakterzüge nur unvollkommen zu tarnen verstehen.

2. Commentaire personnel

In diesem Teilkapitel haben Sie durch den *commentaire personnel* eine Art Interpretation kennen gelernt, da Sie – nachdem Sie die vorgegebene Aussage inhaltlich geklärt hatten – das Zitat mit Hilfe des Textes auf seine Richtigkeit bzw. Teilrichtigkeit geprüft haben. Der Zusatztext (hier: *Le Mur*) weist deutliche inhaltliche Parallelen zu dem zentralen Text (hier: *Huis clos*) auf und dient deshalb zur Verdeutlichung der zentralen Problematik des Ausgangstextes.

2.6 Les textes dramatiques

Übungsklausur

In diesem Teilkapitel können Sie wiederum Ihren Lernfortschritt überprüfen, indem Sie den Schwierigkeitsgrad in der Bearbeitung der Übungsklausur selbst bestimmen. Wählen Sie zwischen Durchgang A und B.
Durchgang A: Sie beantworten Bearbeitungsfragen, wie sie Ihnen im Abitur gestellt werden könnten.
Durchgang B: Sie erhalten zu den Bearbeitungsfragen noch Hilfestellungen (Comment s'y prendre?), die Ihnen den günstigsten Lösungsweg zeigen.

Texte: Molière, *L'Avare (acte IV, scène VII)*
Un vieil avare, Harpagon, tyrannise ses enfants: Ainsi il est prêt à marier sa fille Elise à un vieillard qu'elle déteste et se destine la fiancée de son propre fils Cléante, Marianne comme deuxième épouse. Lorsqu'il surprend son fils Cléante en train de baiser la main de Marianne, Harpagon chasse son fils en le déshéritant (enterben). Mais son valet (Diener) La Flèche qui est rusé et courageux a volé la cassette pleine d'argent d' Harpagon pour s'en servir plus tard pour le faire changer d'avis.

Harpagon *(il crie au voleur dès le jardin, et vient sans chapeau)*

Au voleur! au voleur! à l'assassin! au meurtrier! Justice, juste Ciel! Je suis perdu, je suis assassiné, on m'a coupé la gorge, on m'a dérobé mon argent. Qui peut-ce être? Qu'est-il devenu? Où est-il? Où se cache-t-il? Que ferai-je pour le trouver? Où courir? Où ne pas courir? N'est-il point là? N'est-il point ici? Qui est-ce? Arrête! Rends-moi mon argent, coquin … *(Il se prend lui-même le bras)* Ah! c'est moi. Mon esprit est troublé, et j'ignore où je suis, qui je suis, et ce que je fais. Hélas! mon pauvre argent, mon pauvre argent, mon cher ami, on m'a *privé* de toi! Et, puisque tu m'es enlevé, j'ai perdu mon *support*, ma *consolation*, ma joie; tout est fini pour moi, et je n'ai plus que faire au monde! Sans toi, il m'est impossible de vivre. C'en est *fait,* je n'en *puis* plus, je me meurs, je suis mort, je suis enterré. N'y a-t-il personne pour me *ressusciter*, en me rendant mon cher argent, ou en m'apprenant qui l'a pris? … Je veux aller *quérir* la justice et faire *donner la question* à toute

vom Garten aus
berauben
Stütze/Trost
vollbracht/= peux
wieder zum Leben erwecken
holen/verhören

la maison: à servantes, à *valets*, à fils, à fille et à moi aussi … Je ne jette mes regards sur personne qui ne me donne des soupçons, et tout me semble voleur … Allons vite, des commissaires, des *archers*, des *prévôts*, des juges, des gênes, des *potences* et des bourreaux! Je veux faire *pendre* tout le monde; et, si je ne retrouve mon argent, je me pendrai moi-même après!

(mit Folter)/Diener

Bogenschützen/Feldjäger/Galgen

aufknüpfen

(Extrait de Molière, L'Avare, Nouveaux classiques Larousse, Paris)

Durchgang A:

1. Résumez cet extrait de texte.
2. Dites ce que signifie l'argent pour Harpagon.
3. Quelles sont les figures de style qui soulignent l'avarice maladive d'Harpagon? Relevez les exemples les plus importants et analysez-en la fonction.
4. A quel dénouement est-ce que vous vous attendez?
5. Commentaire personnel: Alfred de Musset parle de la «gaieté» de Molière, mais elle lui semble «… si triste et si profonde que lorsqu'on vient d'en rire, on devrait en pleurer.» (A. de Musset, *Une soirée perdue,* 1840). Commentez cette phrase de Musset et dites si vous partagez cette opinion.

Durchgang B:

1. Résumez cet extrait de texte.

Comment s'y prendre?

Entwerfen Sie zunächst eine Gliederung dieses Monologs, der sich in ungefähr vier Abschnitte unterteilen lässt. Fassen Sie dann jeden Abschnitt in einem Satz zusammen.

2. Dites ce que signifie l'argent pour Harpagon.

Comment s'y prendre?

Überlegen Sie zunächst, wie Harpagon über das Geld, vom Geld spricht. Tragen Sie deshalb in einer Tabelle die Ausdrücke zusammen, die sich auf das Geld beziehen.

l'argent: mon **pauvre** argent, mon **cher ami**	

3. Quelles sont les figures de style qui soulignent l'avarice maladive d'Harpagon? Relevez les exemples les plus importants et analysez-en la fonction.

Comment s'y prendre?

Hier finden Sie einige Vorschläge (s. vocabulaire de base p. 56): *La répétition, l'énumération, la personnification, l'exagération, la gradation, le rythme* … Achten Sie auch auf die Zeichensetzung in dem Textauszug!

4. A quel dénouement vous attendez-vous?

Comment s'y prendre?

Lesen Sie nochmals die knappe inhaltliche Zusammenfassung des Textauszugs durch. Welche Informationen über die handelnden Personen erhalten Sie dort? Bedenken Sie, um welche „Textsorte“ es sich bei dem Stück handelt! Beziehen Sie auch Ihre Ergebnisse aus der Formanalyse ein!

5. Commentaire personnel. Alfred de Musset parle bien de la «gaieté» de Molière, mais elle lui semble «… si triste et si profonde que lorsqu'on vient d'en rire, on devrait en pleurer.» (A. de Musset, *Une soirée perdue,* 1840). Commentez cette phrase de Musset et dites si vous partagez cette opinion.

Comment s'y prendre?

Wir schlagen Ihnen folgende Gliederung vor:

Notieren Sie 1. alle lustigen, heiteren und komischen Elemente, 2. alle Elemente, die Harpagons Aggressivität, seine Grausamkeit, seine Verzweiflung, seine Maßlosigkeit … enthüllen, und entscheiden Sie dann in einem 3. Schritt, ob Sie Mussets Bewertung ganz, teilweise oder überhaupt nicht zustimmen können. Begründen Sie Ihre Auffassung mit Ihren Analyseergebnissen.

LES TEXTES POETIQUES 3

Vocabulaire de base

1. Types de textes lyriques

Le poème à forme fixe	
le sonnet par exemple	mit vorgeschriebener Form: Sonett
2 strophes à 4 vers: le quatrain	Vierzeiler
2 strophes à trois vers: le tercet	Dreizeiler
Le poème en prose	
La chanson	

2. Comment parler d'un poème?

Le poète emploie	
L'auteur utilise	verwenden
se sert de	
choisit	
commence par	
termine par	
Dans ce poème, il est question de	
cette chanson, il s'agit de	es handelt sich um
Le poète explique	
décrit	
dépeind	schildern
critique/attaque/dénonce/souligne l'importance de	
Le moi lyrique met en relief	
fait ressortir	hervorheben
transmet ses	vermitteln

sentiments (m)	
sensations (f)	Empfindungen
idées (f)	
impressions (f)	
au lecteur/à la lectrice	

3. Comment analyser et interpréter un poème?

Plan rythmique

La strophe = ensemble de vers

Exemple: le quatrain (à 4 vers) — Quartett

Le vers – impair (à 3, 5, 7 syllabes) — ungerade Silbenzahl

– pair (à 2, 4, 6 syllabes) — gerade Silbenzahl

– l'alexandrin (m) (à 12 syllabes)

la rime – croisée (abab)

– plate (aabb)

– embrassée (abba)

– féminine = se termine par un e muet

– masculine = sans e final

DONC: Quelle connerie la guer*re* (rime féminine)
Qu'es-tu devenue mainte*nant?* (rime masculine)

La personnification: *Une chose, un phénomène sont traités comme des personnes*

Exemple: Que pleurent dans la nuit nos cœurs à l'unisson (Aragon)

Le parallélisme: construction syntaxique identique

Exemple: On m'a volé ma femme
On m'a volé mon âme
voir Vian, p 108

Le chiasme: croisement des termes

Exemple: Il faut manger pour vivre et non pas vivre pour manger.

***l'anaphore (f.):** Plusieurs vers commencent par le(s) même(s) mot(s)*
Exemple: Ce qu'il faut de malheur …
Ce qu'il faut de regrets …
Ce qu'il faut de sanglots …
voir Aragon, p. 114

***La répétition:** Des mots, parties de phrases ou phrases identiques reviennent à plusieurs reprises.* — zu wiederholten Malen
Exemple: Rappelle-toi Barbara …
voir Prévert, p. 102

L'antithèse (f): l'opposition de deux termes
Exemple: Lui, naguère si beau, qu'il est comique et laid.
voir Baudelaire, p. 120

Le paradoxe: Ce qui est contraire à ce qu'on attendrait normalement.
Exemple: Mon bel amour mon cher amour ma déchirure.
voir Aragon, p. 114

***L'ironie (f.):** C'est dire le contraire de ce qu'on pense, souvent sur un ton humoristique.*
Exemple: Vous êtes bon apôtre
Monsieur le Président
voir Vian, p. 109

Im Französischen werden keine Hebungen und Senkungen gezählt, sondern Silben!

Comment s'y prendre?

Das stumme e wird vor einem Konsonanten als Silbe gezählt, nur nicht am Ende der Verszeile!
Also: E cou te les clo ches qui sonnent (Apollinaire)
1 2 3 4 5 6 7 8

Plan phonétique	
Les sonorités (f.)	Klang(farbe)
L'assonance (f.) – répétition de voyelles	
– aiguës (i, é, è)	helle Vokale
– graves (ou, o, on)	dunkle Vokale
Exemple: Les sanglots longs des violons voir Verlaine, p. 116	
L'allitération (f.) – répétition de consonnes	
– dures (p, t, k, b, d, g)	harte Konsonanten
– douces (f, v, ch)	weiche Konsonanten
Exemple: Pour qui sont ces serpents qui sifflent sur vos têtes? (Racine)	

Comment s'y prendre?

Um diese Alliterationen und Assonanzen zu finden, suchen wir nach der Wiederholung ähnlicher Klänge und nicht nach der Wiederholung von identischen Konsonanten und Vokalen. **Tipp:** laut lesen!!!

Plan sémantique	
L'image (f.):	
Exemple: Sa vie Elle ressemble à ces soldats sans armes. voir Aragon, p. 113	
La métaphore: unit un terme concret à un terme abstrait ou deux termes de domaines différents	
Exemple: La source de chagrin source → ***concret***, chagrin → ***abstrait***	Quelle des Kummers
= L'origine, la cause d'un chagrin	
Un orage de fer orage ↓ ***éclatement***, fer ↓ ***bombes***	
voir Prévert, p. 105	
La comparaison:	
Exemple: Je te porte dans moi comme un oiseau blessé.	
Le symbole:	
Exemple: La colombe (symbole de la paix)	die Taube

3.1 La première approche d'un poème

Erster Zugang zu einem Gedicht

In diesem Teilkapitel werden Sie die Schritte kennen lernen, die Ihnen ein erstes Textverständnis erleichtern. Ein relativ engmaschiger Fragenkatalog wird Sie anleiten, auch weitere Schritte einer Gedichtanalyse durchzuführen.

Note biographique

Jacques Prévert (1900–1977)
Prévert est un des poètes les plus populaires, sinon le plus populaire de la littérature française d'après-guerre. Pourquoi? Ses textes n'ont, certes (gewiss), pas le souci de la belle littérature classique, mais ils sont d'une fraîcheur et d'une spontanéité qui vont droit au cœur. Il n'est pas seulement une figure dans l'histoire de la poésie, mais aussi dans celle de la chanson. Chantées par Juliette Gréco, Yves Montand et d'autres, ses poésies furent connues d'un grand public.

Texte 1 **Prévert, *Barbara***

Rappelle-toi Barbara
Il pleuvait *sans cesse* sur Brest ce jour-là — *unaufhörlich*
Et tu marchais souriante
Epanouie ravie ruisselante — *entspannt/entzückt/tropfnass*
Sous la pluie
Rappelle-toi Barbara
Il pleuvait sans cesse sur Brest
Et *je t'ai croisée* rue de Siam — *Weg kreuzen*
Tu souriais
Et moi je souriais de même
Rappelle-toi Barbara
Toi que je ne connaissais pas
Toi qui ne me connaissais pas
Rappelle-toi
Rappelle-toi quand-même ce jour-là
N'oublie pas
un homme sous *un proche s'abritait* — *ein Vordach/sich unterstellen*
Et il a crié ton nom
Barbara

Et tu as couru vers lui sous la pluie
Ruisselante ravie épanouie
Et tu t'es jetée dans ses bras
Rappelle-toi cela Barbara
Et ne m'en veux pas si je te tutoie
Je dis tu à tous ceux que j'aime
Même si je ne les ai vus qu'une seule fois
Je dis tu à tous ceux qui s'aiment
Même si je ne les connais pas
Rappelle-toi Barbara
N'oublie pas
Cette pluie sage et heureuse
Sur ton visage heureux
Sur cette ville heureuse
Cette pluie sur la mer
Sur *l'arsenal*
Sur le bateau d'*Ouessant*

Werft
Meerenge vor der bretonischen Küste

Devoir 1:

Lisez le poème jusqu'à la ligne 36, puis

a) réfléchissez: Quel est le rapport entre le titre du poème et le contenu du poème?

Comment s'y prendre?

Sie finden hier eine Liste von Vorschlägen, die Sie bei der Beantwortung der Frage verwenden können:

Le titre d'un poème peut éveiller la curiosité (Neugier erwecken) *du lecteur, résumer le contenu, s'adresser à qn., nommer le personnage principal, l'événement central, évoquer une atmosphère …*

b) Soulignez les mots et les phrases qui vous frappent dès la première lecture parce qu'ils reviennent constamment.

Devoir 2:

Lisez les phrases suivantes et cochez (ankreuzen) celle qui semble le mieux exprimer le contenu du poème.

Dans ce poème,

a) il est question d'une jeune fille qui s'appelle Barbara.

b) le moi lyrique s'adresse à une fille qui s'appelle Barbara et qui vit à Brest.

c) le moi lyrique s'adresse à une jeune femme en lui disant de ne pas oublier un certain jour de sa vie où elle était très heureuse parce qu'elle était avec l'homme qu'elle aimait.

d) le moi lyrique s'adresse à une femme qui s'appelle Barbara et qu'il avait connue à Brest un jour où il pleuvait à cordes (in Strömen regnen).

e) le moi lyrique dit qu'il éprouve beaucoup de sympathie pour les gens qui s'aiment.

Devoir 3:
Répondez aux questions suivantes:
– Où se trouve le moi lyrique et que fait-il?
– Où se trouve Barbara et que fait-elle?

Devoir 4:
Relevez les mots et les expressions qui caractérisent Barbara, la ville et la pluie.
Exemple: Barbara: épanouie, ravie …

**** Devoir facultatif:***
Mettez-vous à la place de Barbara qui se souvient de ce jour-là et qui écrit plus tard dans son journal intime (Tagebuch).

Comment s'y prendre?

Barbara: Oui, je me souviens de ce jour-là. J'étais jeune et … Le lendemain …

Devoir 5:
Maintenant lisez la deuxième partie du poème:

Oh Barbara
Quelle *connerie* la guerre — *Blöd-/Schwachsinn*
Qu'es-tu devenue maintenant
Sous cette pluie de *fer* — *Eisen*
De feu d'*acier* de *sang* — *Stahl/Blut*
Et celui qui te serrait dans ses bras
Amoureusement
Est-il mort disparu ou bien encore vivant

Oh Barbara
Il pleut sans cesse sur Brest
Comme il pleuvait avant
Mais ce n'est plus *pareil* et tout est *abîmé* — *frei: wie früher/kaputt*
C'est une pluie de *deuil* terrible et *désolée* — *Trauer/trostlos*
Ce n'est même plus l'orage
De fer d'acier de sang
Tout simplement des nuages
Qui *crèvent* comme des chiens — *verrecken*
Des chiens qui disparaissent
Au fil de l'eau sur Brest
Et vont *pourrir* au loin — *verfaulen*
Au loin très loin de Brest
Dont il ne reste rien. (1945)

(Jacques PREVERT, «Barbara» in Paroles, © Editions GALLIMARD)

Devoir 6:

Même devoir qu'au n° 4: Relevez les mots et les expressions qui caractérisent la ville et la pluie.
Quelle est la différence? (voir n° 4)

Devoir 7:

Choisissez une des phrases qui vous semble le mieux exprimer l'intention du poète. Dans ce poème,

a) l'auteur décrit l'amour de Barbara et la destruction complète de la ville de Brest pendant la Deuxième guerre mondiale,

b) l'auteur décrit l'absurdité de la guerre en montrant comment elle détruit la vie de tous les êtres humains,

c) l'auteur décrit l'amour entre deux personnes, puis il parle de la guerre,

d) l'auteur dénonce (anprangern) le non-sens de la guerre,

e) en racontant l'histoire très personnelle de Barbara et en parlant de la destruction de Brest, l'auteur oppose l'amour qui rend les gens heureux à la guerre qui abîme tout.

Résultats principaux

1. **Titel:** Sie haben sich den Titel des Gedichts genau auf seine sprachliche Form angesehen und die Erwartungen, Vorstellungen, die er in Ihnen erweckte, stichwortartig formuliert.

2. **Bezug Titel–Inhalt des Gedichts:** In einem zweiten Schritt haben Sie dann überprüft, wie und ob Ihre Erwartung durch das Gedicht eingelöst wird und welche Beziehung zwischen Gedicht und Titel besteht. Hier haben Sie gesehen, dass der Titel die Hauptperson(en) nennt. Weitere Möglichkeiten für die Funktion des Titels: Der Titel nennt die Sache, die Jahreszeit, Stimmung, Problematik, um die es geht. Oder: Der Titel kehrt leitmotivartig im Gedicht wieder. Oder: Der Titel erweist sich – vielleicht erst nach gründlicher Lektüre – als knappe Zusammenfassung der Aussage des Gedichts …

3. **Erste Arbeit am Text:** Wie in *devoir* 1b sollten Sie immer vorgehen: Unterstreichen Sie nach dem ersten Durchlesen Wörter oder Wortgruppen, die Ihnen besonders aufgefallen sind – entweder, weil sie wiederholt werden oder weil sie an besonders herausgehobener Stelle stehen oder/und weil sie formale Auffälligkeiten aufweisen (s. vocabulaire de base) oder/und weil sie eine bestimmte Atmosphäre erzeugen (s. 3.4).

4. **Vertiefte Textarbeit nach den ersten Vorarbeiten und Vorbereitung der Reinschrift:** Dieser Abschnitt der Textarbeit gliedert sich in verschiedene Schritte: Zunächst fassen Sie in einem Satz zusammen, worum es in dem Gedicht geht (Thema, Problem). Dieser Satz sollte nicht zu allgemein oder gar banal ausfallen (also nicht: In diesem Gedicht geht es um den Krieg), aber auch nicht in eine Inhaltsangabe ausarten, die erst dem nächsten Arbeitsschritt, der Textwiedergabe (s. 3.2), vorbehalten ist. Die Ergebnisse der Textanalyse (formale Mittel …) sollen Ihre Interpretation des Gedichts stützen und für den Leser Ihrer Arbeit nachvollziehbar machen. Wie diese am besten in Ihre Arbeit zu integrieren sind, erfahren Sie in den nächsten Teilkapiteln (vor allem in 3.3 und 3.4).

3.2 Le résumé d'un poème

Textwiedergabe/Inhaltsangabe eines Gedichts

In diesem Teilkapitel werden Arbeitsschritte, die Sie schon aus 3.1 kennen, wieder aufgegriffen und erweitert. Sie sollen selber, mit Hilfestellungen natürlich, Textwiedergaben verfassen und sich dann zur Aussageabsicht des Verfassers äußern.

Note biographique

Boris Vian (1920–1959)
Boris Vian a été une figure marquante du Saint-Germain-des-Prés de l'après-guerre, une personnalité riche en talents (musicien de jazz, ingénieur). Fervent (glühender) pacifiste et admirateur de Jean-Paul Sartre, son style se caractérise par une indépendance totale des normes habituelles. En particulier, il rénove la langue en se moquant des lieux communs (Gemeinplätze) et de l' expression toute faite (abgedroschene Redewendung).

Information historique

La guerre d'Indochine et la guerre d'Algérie
Après la Seconde guerre mondiale, des mouvements nationalistes se développent presque simultanément dans toutes les terres colonisées. La France veut à tout prix garder ses colonies. Cela lui vaut (hier: einbringen) 16 ans de guerres coloniales.
La première, c'est celle de l'Indochine où les nationalistes Viêt-minh sous la direction de Hô Chi Minh proclament l'indépendance du pays. Après la défaite définitive de Diên Biên Phû en 1954, la France doit signer la paix. Cette même année, l'insurrection (Erhebung) du Front de libération nationale algérien (FLN) marque le début d'une guerre civile sanglante et cruelle qui fait 30 000 morts du côté français, et 500 000 à un million du côté algérien.

Texte 2 — Vian, *Le Déserteur* (chanson)

Monsieur le Président
Je vous fais une lettre
Que vous lirez peut-être
Si vous avez le temps
Je viens de recevoir
Mes papiers militaires
Pour partir à la guerre
Avant mercredi soir
Monsieur le Président

Je ne veux pas la faire
Je ne suis pas sur terre
Pour tuer des pauvres gens
C'est pas pour vous fâcher
Il faut que je vous dise
Ma décision est prise
Je m'en vais déserter

Depuis que je suis né
J'ai vu mourir mon père
J'ai vu partir mes frères
Et pleurer mes enfants
Ma mère a tant souffert
Qu'elle est dedans *sa tombe* — *Grab*
Et se moque des bombes
Et se moque des *vers* — *Würmer*
Quand j'étais prisonnier

On m'a volé ma femme
On m'a volé mon *âme* — *Seele*
Et tout mon cher passé
Demain de bon matin
Je fermerai ma porte
Au nez des années mortes
J'irai sur les chemins
Je *mendierai* ma vie — *erbetteln*
Sur les routes de France

De Bretagne en Provence
Et je dirai aux gens:
Refusez d'obéir
Refusez de la faire
N'allez pas à la guerre
Refusez de partir
S' il faut donner du sang
Allez donner le vôtre
Vous êtes *bon apôtre* — *hier: ein Heuchler*
Monsieur le président
Si vous me poursuivez
Prévenez vos gendarmes — *informieren*
Que je n'aurai pas d'armes
Et qu'ils pourront tirer. (1955)

Devoir 8:

Dites en une phrase quel est le rapport entre le titre et le contenu de la chanson.

Devoir 9:

Faites un résumé de cette chanson.

Comment s'y prendre?

Hier finden Sie einige Strukturelemente, die Ihnen dabei helfen können:

Dans cette chanson, le moi lyrique s'adresse au Président de la République pour lui dire que … (Beziehen Sie sich auf die erste Strophe) *parce que* … (Beziehen Sie sich auf die zweite Strophe) *Par conséquent,* … (Beziehen Sie sich auf die dritte Strophe).

Devoir 10:

Voilà un extrait de la «première» version de la chanson.
a) Lisez le texte et faites également un résumé de cet extrait de texte.

Messieurs qu'on nomme grands,
je vous fais une lettre
que vous lirez peut-être
si vous avez le temps
Je viens de recevoir
mes papiers militaires
pour aller à la guerre
avant mercredi soir
Messieurs qu'on nomme grands
Je ne veux pas le faire
je ne suis pas sur terre
pour tuer de braves gens.
c'est pas pour fâcher
il faut que je vous dise
les guerres sont des bêtises
le monde en a assez.

Depuis que je suis né
j'ai vu mourir des pères,
j'ai vu souffrir des mères
et pleurer des enfants
[…]
Il y a des prisonniers
on a volé leur âme
on a volé leur femme
et tout leur cher passé
Demain je partirai
[…]
Et je dirai aux gens:
Profitez de la vie,
éloignez la misère,
nous sommes tous des frères
gens de tous les pays.
[…]

b) Quelles différences est-ce que vous constatez entre les deux versions?

Comment s'y prendre?

Die folgenden Fragen sollen Ihnen helfen, diesen Vergleich zu strukturieren:

– *A qui le moi lyrique s'adresse-t-il?*
– *Pourquoi?*
– *De qui et de quoi parle-t-il?*
– *Quelle conclusion en tire-t-il?*

Devoir 11:
Quel est le message de cette chanson? Tenez compte des résultats de la comparaison (voir devoir 10) et des informations et sur la vie de Boris Vian et sur la guerre d'Algérie (voir notes biographiques et historiques).

Devoir 12:
Comparez le message du *Déserteur* à celui de *Barbara!*

Comment s'y prendre?

Wir geben Ihnen als Hilfestellung einige Formulierungen und eine grobe Struktur vor:
– *Dans les deux textes poétiques, il est question de …*
– *Les auteurs de ces deux textes poétiques critiquent …*
attaquent …
dénoncent …
– *Mais alors que, …*
Mais tandis que …

Résultats principaux

1. **Textwiedergabe/résumé:** Damit Sie nicht in eine Textparaphrase verfallen, d. h. den Text nur leicht verändert abschreiben, haben wir Sie „gezwungen", jede Strophe oder jeden erkennbaren (größeren) Sinnabschnitt in einem Satz zusammenzufassen. Das ist ein Verfahren, das immer empfehlenswert ist, jedoch bei stark verschlüsselten oder lyrischen Gedichten Schwierigkeiten bereiten kann, da zunächst die Bilder „aufgelöst" und „übersetzt" werden müssen.

2. **Textaussage («message») erarbeiten:** Vor allem politische Gedichte und Chansons wie *Le Déserteur* haben eine klare „Botschaft" und wollen beim Leser/Zuhörer ein bestimmtes Verhalten, eine Reaktion auslösen. Diese Aussage oder dieser Appell lässt sich immer aus den Gedichten ableiten. Da wir aber oft den historischen Kontext, in dem der Text entstanden ist, nicht mehr miterlebt haben, brauchen wir Zusatzinformationen, um die Aussage des Textes heute richtig zu verstehen.

3.3 Analyse d'un poème

Gedichtanalyse

Anhand von zwei Gedichten wiederholen Sie nicht nur Schritte aus 3.1 und 3.2 (z. B. erster Zugang zum Text über den Titel, erste Eindrücke, *résumé …),* sondern Sie lernen und üben auch, formale Mittel zu erkennen und schwerpunktmäßig für eine Interpretation zu nutzen.

Note biographique

Aragon (1897–1982)

Louis Aragon appartient à cette génération de poètes qui ont fondé le mouvement surréaliste, mais il s'en détache (sich lösen von) dans les années 30. La Seconde guerre mondiale et la part active qu'il a prise dans la Résistance l'ont rapproché de la poésie traditionnelle. Aragon a composé ce texte sous l'Occupation allemande. Membre du parti communiste clandestin (Untergrund-), Aragon déplore (beklagen) la situation de la France occupée, mais il appelle également à un engagement dans la lutte pour la libération de la France. Un aspect de sa vie privée y intervient (eine Rolle spielen) aussi: lorsqu'il écrit ce poème, sa compagne Elsa Triolet vient de le quitter.

Aragon, *Il n'y a pas d'amour heureux*

Texte 3

Rien n'est jamais *acquis* à l'homme Ni sa force — *erworben, sicher*
Ni sa faiblesse ni son cœur Et quand il croit
Ouvrir ses bras son ombre est celle d'une croix
Et quand il croit serrer son bonheur il le *broie* — *zerdrücken, zerquetschen*
Sa vie est un étrange et douloureux *divorce*. — *hier: Abschiednehmen*

Il n'y a pas d'amour heureux

Sa vie Elle ressemble à ces soldats sans armes
Qu'on avait habillés pour un autre *destin* — *Schicksal*
A quoi peut leur servir de se lever matin
Eux qu'on retrouve au soir *désœuvrés* incertains — *untätig, beschäftigungslos*
Dites ces mots Ma vie et retenez vos larmes

Il n'y a pas d'amour heureux

Mon bel amour mon cher amour *ma déchirure* — *Riss, Zerrissenheit*
Je te porte en moi comme un oiseau blessé
Et ceux-là sans savoir nous regardent passer
Répétant après moi les mots que j'ai *tressés* — *geflochten*
Et qui pour tes beaux yeux *aussitôt* moururent — *sogleich*

Il n'y a pas d'amour heureux

Le temps d'apprendre à vivre il est déjà trop tard
Que pleurent dans la nuit nos cœurs à *l';unisson* — *im Gleichklang*
Ce qu'il faut de malheur pour la moindre chanson
Ce qu'il faut de regrets pour payer *un frisson* — *ein Schauder, Erzittern*
Ce qu'il faut de *sanglots* pour un air de guitare — *Schluchzer*

Il n'y a pas d'amour heureux

Il n'y a pas d'amour qui ne soit à douleur
Il n'y a pas d'amour dont on ne soit *meurtri* — *verwundet*
Il n'y a pas d'amour dont on ne soit *flétri* — *verwelkt*
Et pas plus que de toi l'amour de la patrie
Il n'y a pas d'amour qui ne vive de *pleurs* — *Tränen*

Il n'y a pas d'amour heureux
Mais c'est notre amour à tous deux.

(Aragon, La Diane française, 1944)

Devoir 13:

Pour mieux comprendre ce poème, vous allez d'abord procéder de la même manière que pour les poèmes précédents:

a) Examinez le rapport titre – poème.
b) Soulignez les mots et les expressions qui vous frappent dès la première lecture.
c) Pour compléter ce travail: Lisez le poème à haute voix et notez tout ce que vous remarquez en ce qui concerne le ton, le rythme et l'atmosphère.

Devoir 14:

Lisez les strophes 1 à 4 et répondez aux questions suivantes:

a) Dans quelle strophe est-il question de l'amour entre deux êtres humains?

b) Quelles sont les images, les comparaisons et les expressions métaphoriques qu'Aragon utilise pour exprimer ses idées. Notez-les.
   - *Aimer qn, ça fait mal.*
   - *La vie n'a pas de sens.*
   - *Il faut payer cher le fait d'être un artiste.*

c) Et que veut-il dire par:
   l. 2/3 *Et quand il croit/Ouvrir ses bras son ombre est celle d'une croix?*

d) Quels sont le contenu et la fonction de la strophe 5? Et du refrain?

Devoir 15:

Ecrivez une analyse de texte en tenant compte des résultats que vous avez obtenus.

Comment s'y prendre?

So könnten Sie Ihre Textanalyse aufbauen:

Einleitung: Sie nennen in einem Satz das Thema des Gedichts.

Hauptteil: a) Sie fassen jede Strophe in einem Satz zusammen. Beispiel:
a) *La première strophe commence par un verdict* (Urteil) *très dur: Au cours de sa vie, l'homme perd ou détruit tout ce qui lui est cher.*

b) Analysieren Sie dann alle Stilfiguren, die Ihnen aufgefallen sind (Wiederholungen, Leitmotive, Metaphern, Bilder …) und beschreiben Sie ihre Funktion und die dadurch erzielte Wirkung, um so Ihren

c) Schlussteil vorzubereiten: Was will Aragon mit diesem Gedicht aussagen?

Note biographique

Paul Verlaine (1844–1896)

Paul Verlaine est reconnu comme le père de l'école symboliste. Il passe pour être (gelten als) un maître de musique. De fait, il recherche «la musique avant toute chose». Par les sonorités, il crée l'harmonie: disparition de la rime (Verschwinden des Reims) au profit des (zugunsten von) assonances et allitérations, modulation des voyelles. *Chanson d'automne* est un poème des *Poèmes Saturniens*, premier recueil (Sammlung) publié en 1866 où se révèlent (sich erweisen) une sensibilité (hier: Gemüt) inquiète et une musicalité suggestive.

Devoir 16:

En lisant le titre du poème *Chanson d'automne,* à quoi vous attendez-vous quant au sujet et quant à l'atmosphère? Notez vos idées.

Devoir 17:

a) Lisez le poème.

Texte 4 **Paul Verlaine, *Chanson d'automne***

Les sanglots longs
Des violons
De l'automne
Blessent mon coeur
D'une *langueur*
Monotone

Tout *suffocant*
Et *blême,* quand
Sonne l'heure
Je me souviens
Des jours anciens
Et je pleure,

Et je m'en vais
Au vent mauvais
Qui m'emporte
Deçà delà.
Pareil à la
Feuille morte.

(Tiré du recueil: Les Poèmes Saturniens. Collection J'ai lu, Paris 1995)

5 *la langueur* – die Sehnsucht; *suffocant* – erstickend; 8 *blême* – bleich; 16 *deçà delà* – bald hier(hin), bald da(hin)

b) Pour pouvoir confirmer vos premières hypothèses (voir devoir 16), regardez d'abord les rimes: Sont-elles plates, croisées ou embrassées? (voir page 99, vocabulaire de base)
La composition du poème est-elle régulière?

c) Puis lisez le poème à haute voix et notez ce qui vous frappe quant aux sonorités et au rythme!

Devoir 18:

Afin de bien comprendre le contenu du poème, il faut saisir (erfassen) le sens de certaines expressions. Donnez un synonyme pour les tournures (Redewendung) ou les mots suivants:

Exemple: l. 4/5 blesser d'une langueur – frapper de nostalgie

l. 7 suffocant – …

l. 8 quand sonne l'heure – …

l. 11 les jours anciens – …

l. 13 je m'en vais – …

Devoir 19:

Complétez les phrases suivantes par une petite remarque personnelle sur la forme, le style et le rythme du poème:

Exemple: – Le titre du poème *Chanson d'automne* nous donne/fait connaître le sujet du poème et suggère sa musicalité.

a) Dans ce poème, le moi lyrique parle … de son passé.

b) Il souligne d'abord son état d'âme par …

c) Il continue en exprimant une certaine peur et inquiétude de son âme par …

d) Le symbole de la «feuille morte» emportée par le vent traduit …

e) Les rimes qui reviennent à intervalles rapprochés créent un rythme … et confèrent (verleihen) … au poème.

Résultats principaux

1. **Titel:** Der Zugang über den Titel (Erwartungen des Lesers, tatsächliche Beziehung zwischen Titel und Gedicht(Inhalt/-aussage) gibt Ihnen – wie Sie an den beiden Texten dieses Teilkapitels gesehen haben – auch bei schwierigen Gedichten erste Hinweise und Hilfen zum Verständnis des Gedichtes.

2. **Lautes Vorlesen:** Beim lauten Vorlesen eines französischen Gedichts fällt Ihnen nicht nur der Rhythmus, sondern auch die *„mélodie"*, eine bestimmte Klangfarbe, auf. Versuchen Sie zunächst, diese zu charakterisieren. In einem weiteren Analyseschritt können Sie dann untersuchen, durch welche Klangfiguren (s. vocabulaire de base, S. 98–101) diese *„mélodie"* erzeugt wird (z. B. Assonanzen, Alliterationen, Vorherrschen bestimmter Vokale oder Konsonanten ...), und ob zwischen der Wahl dieser Klangfiguren und dem Inhalt ein Zusammenhang besteht.

3. **Textarbeit:** Bei stark verschlüsselten Gedichten, bei Gedichten, die keine eigentliche Handlung haben, ist ein *résumé* zunächst schwer. Hilfreich ist es aber immer, Schlüsselwörter und -sätze zu unterstreichen und nach ihrem Bezug zum Titel und zu anderen Strophen zu fragen. Versuchen Sie, sich zur Kürze und Präzision zu zwingen: Wenn Sie in einem Satz den Inhalt einer Strophe wiedergeben (was sicher nicht immer möglich ist), geraten Sie weniger in die Gefahr einer Textparaphrase.

4. **Sprachanalyse:** Bilder, Vergleiche, Metaphern dienen der Veranschaulichung. Überlegen Sie sich also zunächst, was Sie bei diesem Bild „sehen", mit ihm assoziieren und was in dem Gedicht mit ihm verdeutlicht oder veranschaulicht werden soll.

5. **Interpretation:** Ihre Ausführungen zur Aussageabsicht eines Gedichtes sollten immer aus Ihrer Textanalyse hervorgehen. Außerdem können Ihnen zusätzliche Informationen über das historische Umfeld, die Biographie des Verfassers und die Epoche das Verständnis erleichtern und Ihnen helfen, Ihre Ergebnisse zu erweitern und zu vertiefen.

3.4 Les textes poétiques

Übungsklausur

In diesem Teilkapitel können Sie jetzt Ihre neu erworbenen Kenntnisse anwenden und eine vollständige Gedichtinterpretation schreiben. Sie können hier Ihren „Lernfortschritt“ selbst überprüfen, indem Sie den Schwierigkeitsgrad in der Bearbeitung der Übungsklausur selber bestimmen.

Sie entscheiden sich für den Durchgang A:
Sie beantworten Fragen, wie sie Ihnen in der Abiturklausur gestellt werden könnten.
Oder für den Durchgang B:
Sie erhalten zusätzlich zu den Fragen noch Hilfestellungen (Comment s'y prendre?), die sicherlich die Bearbeitung der Fragen erleichtern.

Note biographique

Charles Baudelaire (1821–1867)
Romantique attardé (verspätet)? Le seul poète réaliste du XIXe siècle? Un symboliste? Le premier surréaliste? Il est tout cela à la fois, mais on ne peut pas le classer dans une école poétique tant il occupe une *place à part* (besondere Stellung) dans son époque. Pour Baudelaire, le poète a un rôle et une *vocation* (Berufung) qui ressemblent à ceux des prêtres et des *mages* (Magier): il doit et il sait *déchiffrer* (entziffern) les signes qui l'entourent et trouver le sens secret du monde – la Beauté. D'après lui, l'homme est toujours partagé entre le bien et le mal, la réalité elle-même est *ambiguë* (zweideutig) et présente à l'homme son double visage: *attirant* (anziehend) et *sinistre* (düster). Le plan de son œuvre célèbre *Les Fleurs du mal* suit l'itinéraire intérieur (der innere Weg) du poète où s'opposent d'une part le spleen – ennui, dégoût (Ekel) physique et moral – et d'autre part la recherche de l'idéal à travers toutes sortes d'expériences, souvent excessives (übertrieben).
Pendant 23 ans, Baudelaire est lié d'amour et de haine (Hass) à Jeanne Duval, une mulâtresse sensuelle (sinnliche Mulattin).

Charles Baudelaire, *L'Albatros*

Souvent, pour s'amuser, les hommes *d'équipage*
Prennent des albatros, vastes oiseaux des mers,
Qui suivent, *indolents* compagnons de voyage,
Le navire glissant sur *les gouffres amers*.

A peine les ont-ils déposés sur les planches,
Que ces rois de *l'azur,* maladroits et *honteux,*
Laissent *piteusement* leurs grandes ailes blanches
Comme des *avirons* traîner à côté d'eux.

Ce voyageur ailé, comme il est *gauche et veule!*
Lui, *naguère* si beau, qu'il est comique et laid!
L'un *agace* son bec *avec un brûle-gueule,*
L'autre mime, en *boitant, l'infirme* qui volait.

Le poète est semblable au prince des *nuées*
Qui *hante* la tempête et *se rit de l'archer;*
Exilé au sol au milieu des *huées,*
Ses ailes de *géant* l'empêchent de marcher. (1859)

(Aus: Les Fleurs du mal et autres poèmes, Classiques de Poche, 1995, N° 677)

l. 1 *l'équipage (m)* – Besatzung
l. 3 *indolent, e* – träge, gleichgültig
l. 4 *les gouffres amers* – die bitteren Abgründe
l. 6 *l'azur* (m) – der Himmel
l. 6 *honteux, se* – beschämt
l. 7 *piteusement* – erbärmlich, kläglich
l. 8 *l'aviron (m)* – das Ruder
l. 9 *gauche et veule* – linkisch und schlaff
l. 10 *naguère* – vor kurzem
l. 11 *agacer avec un brûle-gueule* – mit einer Pfeife belästigen/ärgern
l. 12 *boiter* – hinken
l. 12 *l'infirme (m/f)* – der/die Behinderte
l. 13 *la nuée* – die Wolke
l. 14 *hanter* – häufig aufsuchen, hier: trotzen
l. 14 *se rire de qc* – spotten über
l. 14 *l'archer (m)* – der Bogenschütze
l. 15 *la huée* – das Hohngelächter
l. 16 *le géant* – der Riese, der Gigant

Durchgang A:

1. Résumez les quatre strophes du poème!
2. Etudiez les contrastes que vous trouvez dans ce poème!
3. Quelles sont les figures de style qui soulignent ces contrastes? Etudiez-en la fonction!
4. Peut-on dire que le poème présente le destin tragique du poète par un jeu d'oppositions et de contrastes? Donnez votre opinion!

Durchgang B:

1. Résumez les quatre strophes du poème!

Comment s'y prendre?

- Unterstreichen Sie die Schlüsselwörter!
- Wo und welche Informationen finden Sie über die Matrosen, die Albatrosse und den Dichter?

2. Etudiez les contrastes que vous trouvez dans ce poème!
3. Quelles sont les figures de style qui soulignent ces contrastes? Etudiez-en leur fonction!

Comment s'y prendre?

Sie erhalten hier eine Liste von Stilfiguren, die Sie in dem Gedicht wieder finden können. Suchen Sie nach Beispielen und Textbelegen, die sich auf diese Stilfiguren beziehen, und formulieren Sie Ihre Beobachtungen in vollständigen Sätzen!

A. métaphores et périphrases (Umschreibungen) poétiques
B. comparaisons et symboles
Exemple: ailes blanches comme des avirons
C. champ lexical du vol de l'oiseau
D. contrastes et oppositions dans la caractéristique du poète
E. fonction de la 4e strophe
F. quatre quatrains, alexandrins, hémistiche (moitié d'un vers avec rime intérieure)

4. Peut-on dire que le poème présente le destin tragique du poète par un jeu d'oppositions et de contrastes? Donnez votre opinion!

Comment s'y prendre?

Wir schlagen Ihnen folgende Vorgehensweise vor:

- Nachdem Sie Metaphern und Symbole (Albatros und Dichter) aufgelöst haben, sind Sie in der Lage, die Strophen jeweils in einem Satz zusammenzufassen, um den Inhalt kurz wiederzugeben.
- Wenn Sie Ihre Meinung zum Gedicht äußern, werden Sie zuerst das vorgegebene Thema klären (tragisches Schicksal des Dichters, die Kunst der Gegensätze und Kontraste) und mit „Textbelegen" diese Interpretation stützen. Ihre Ausführungen zur Aussageabsicht eines Gedichtes sollten immer aus der Textanalyse hervorgehen. Außerdem können Ihnen zusätzliche Informationen über das historische Umfeld, die Biographie des Verfassers und die Epoche das Verständnis erleichtern und Ihnen helfen, Ihre Analyseergebnisse zu überprüfen, zu erweitern und zu vertiefen (siehe 2.4).

Lösungsvorschläge

SOLUTIONS

LES TEXTES NARRATIFS 1

Texte 1

Devoir 1: (→ p. 15)
Le lecteur s'attend à un jour différent des autres puisqu'il s'agit de *ce* jour-là. L'emploi du pronom démonstratif *ce* indique l'importance de cette journée où un événement particulier a eu lieu. Comme le déroulement (Ablauf) de cette journée ne correspond pas à celui d'une journée habituelle, il mérite sûrement d'être raconté dans cette histoire.

Devoir 2 b): (→ p. 16)
Les réponses a) et d) ne peuvent pas être justes:
a) parce que le pot de géranium est placé dehors à chaque absence du père.
d) Cet acte n'est pas banal puisqu'il est mentionné dans les premières lignes et commenté par un «C'était un peu drôle». Donc, ce géranium joue un rôle important.
Les réponses b) et c) peuvent être considérées comme justes si on n'a pas encore lu la suite du récit.

Devoir 3: (→ p. 18)
1. L'action a lieu en France dans un paysage vallonné (hügelig) sur les bords de l'Isère, près de la montagne du Grésivaudan.
2. Le comportement du père est différent de son comportement habituel: le père ne gronde (ausschimpfen) pas son fils bien que ce dernier traîne les pieds en se promenant, il ne quitte pas la main de son fils et il ne joue pas avec lui etc.
3. Toute l'histoire est racontée sous l'angle (Blickwinkel) subjectif du petit garçon.

Devoir 4: Plan possible: (→ p. 18)

l. 1–5	la mère, le père et le fils
l. 5–34	départ pour la promenade, peur du petit garçon
l. 35–60	premier arrêt, montée de l'angoisse
l. 61–72	deuxième arrêt, dialogue très court
l. 72–87	disparition du géranium, réactions du père

Devoir 5: (→ p. 19)

On pourrait compléter le résumé de la manière suivante:

Vercors montre dans sa nouvelle *Ce jour-là* le destin tragique d'une famille française sous l'Occupation. *allgemeines Thema* Dans la première partie du texte, un petit garçon part en promenade avec son père et remarque à plusieurs reprises *Vater und Sohn* (mehrmals) que celle-ci n'est pas comme d'habitude. Il ne se fait pas gronder (ausschimpfen) bien qu'il traîne les pieds. Son père est silencieux, distrait, ne s'arrête pas aux endroits habituels et ne joue pas avec son fils comme il le fait normalement.

Un arrêt sur le rocher de pierre carrée surprend l'enfant *Verhalten des Vaters* car le père se tait et garde la main de l'enfant dans la sienne au lieu de le laisser jouer.

Sur le chemin du retour, le père s'assied et dit quelques mots à son fils. De loin, avant d'arriver, ils constatent *Rückkehr* l'absence du pot de géranium placé par la mère à chaque fois que le père s'absente.

Ce signe menaçant est la raison pour laquelle le père fait allusion dans la dernière partie de l' extrait aux rai- *Gefahr* sons de la disparition du géranium sans les expliquer au lecteur.

Devoir 6: (→ p. 19)

Normalement, d'habitude	**Aujourd'hui**
l. 21–22 *On s'arrêterait et on regarderait …*	l. 25–26 *Mais papa regarda distraitement … et ne s'arrêta même pas.*
l. 38–39 *D'habitude, ici, Papa la lâchait.*	l. 37–38 *Papa ne quittait toujours pas la petite main.*
l. 62 *D'ordinaire, on ne s'asseyait jamais*	l. 63 *il s'assit*

Ces exemples soulignent l'opposition, le contraste entre d'habitude et aujourd'hui. Dans tout le texte, on retrouve les adverbes de temps tels que *d'habitude, d'ordinaire* etc.

Devoir 7: (voir devoir 3.3.) (→ p. 20)
b) La perspective narrative est celle du petit garçon. Le lecteur voit à travers le regard naïf d'un enfant et suit ses hésitations (Zögern), ses pensées, ses sentiments et ses angoisses. Le lecteur est comme l'enfant, il ne sait pas tout, il partage les mêmes soucis et se pose les mêmes questions. Le choix de l'autre perspective implique (bewirken) que le narrateur explique plus clairement pourquoi le père a peur. Il y a moins de »suspense«, le père explique pourquoi et de quoi il a peur: «J'étais préoccupé par le danger qui nous menaçait.»
De plus, il ne faut pas oublier que cette nouvelle est parue clandestinement. Ce n'est pas mentionné (erwähnt) dans le texte, mais le lecteur comprend que le père est dans la Résistance et qu'il est recherché par la Gestapo. Il faut donc cacher le message, ne pas tout dire: seul l'enfant peut raconter cette histoire.

c) Le lecteur et l'enfant se posent de nombreuses questions, par exemple:
1. Pourquoi papa ne me gronde-t-il pas quand je traîne les pieds? l. 14
2. Pourquoi ne joue-t-il pas avec moi? l. 22–25
3. Pourquoi ne me lâche-t-il pas la main? l. 37–39
4. Pourquoi me dit-il: «Il faut être très sage avec maman.» l. 67
5. De quoi se doute-t-il? Que sait-il? l. 80–83
On peut regrouper les questions de la manière suivante: Les questions 1, 2 et 3 concernent le comportement inhabituel du père. Il est soucieux et distrait, c'est la raison pour laquelle il reste indifférent et ne pense pas à jouer, à parler. Les questions laissent pressentir (ahnen) un danger, une menace. Le père fait allusion à son départ, il va devoir quitter sa femme et son enfant puisqu'il demande à son fils d'être très sage. Les questions 4 et 5 concernent directement le danger qui les menace. Le père se doute, sait qu'on le cherche et le pot de géranium est une sorte de «feu vert» (grünes Licht) pour rentrer chez lui. L'enfant arrive parfois à trouver des réponses aux questions qu'il se pose, des justifications (Rechtfertigung) pour le comportement inhabituel du père et se réconforte (sich trösten) lui-même: l. 35–37 *Ils ne dirent rien, mais souvent … papa ne disait rien…* l. 47–48 *…il était content que papa lui tînt la main …*

Devoir 8: (→ p. 21)

Figures de style	Texte	Fonction
a. monologue intérieur	Pourtant, il y avait longtemps, pensait-il. On sortit du jardin. Maman avait mis un pot de géranium à la fenêtre de la cuisine comme chaque fois que papa sortait.	1. pensées du fils
b. parataxe	C'était un peu drôle. Il faisait	
c. changement de temps	beau … On s'arrêterait et on regarderait. Papa dirait … Il avait un peu peur qu'on ne	2. imagination d'un enfant
d. répétitions	s'assît pas. Un petit peu	
e. gradation	peur, vraiment, de la vraie peur. Il tira doucement sur la main de son père … Ils arrivèrent en haut et on	3. montée de la peur, l'angoisse
f. énumération	vit le mur du jardin, les deux mélèzes, la maison, la fenêtre de la cuisine.	4. un certain «suspense»

*** Devoir facultatif:* ***courte interprétation*** (→ p. 21)

Vercors raconte dans son récit *Ce jour-là,* paru clandestinement en 1943, un épisode qui se passe pendant l'Occupation allemande en France. L'action a lieu dans le Grésivaudan, montagne située dans l'Isère. *Voir note biographique* *Handlungsort*

Le sujet principal est ici le danger qui menace une famille qui comprend le père, la mère et le petit garçon. Le père qui travaille dans la Résistance est recherché par la Gestapo. C'est la raison pour laquelle le géranium placé devant la fenêtre de la cuisine avant le départ de la promenade est le symbole-clé du récit. Il indique donc l'absence de danger. *Thema* *Symbol*

Dès les premières lignes, le lecteur partage les soucis du fils et se pose les mêmes questions. Il partage même sa tristesse sans vraiment savoir pourquoi. Le lecteur comprend que le comportement inhabituel du père est *Perspektive des Sohnes*

grave et représente un grand danger. Sur la route du retour de la promenade, l'absence du pot de géranium est une grande énigme (Rätsel) pour tous. C'est à ce moment-là que le lecteur suit les pensées du père que ce dernier résume par un «je m'en doutais». La Gestapo est venue le chercher dans son appartement et a donc emmené sa femme qui n'a pu laisser d'explication. La seule chose qu'elle ait pu faire, c'est d'enlever le pot de fleur pour lui signaler qu'il y a réel danger. Le géranium est donc une sorte de langage codé comme c'était souvent le cas pendant l'Occupation. Toutes les énigmes sont maintenant éclaircies, le lecteur comprend les raisons du comportement inhabituel du père.

Verhalten des Vaters

der Mutter

Auflösung des Rätsels

(Dans la deuxième partie de la nouvelle, on apprend que le père sera reconnu et arrêté à la gare, y étant allé pour essayer de revoir sa femme.)

Texte 2

Devoir 9: (→ p. 23)

La Belle est	**la Bête est**
fragile, douce	brutale
vaniteuse (eitel), fière (stolz)	méchante
superficielle	laide
compliquée	repoussante
irrésistible (unwiderstehlich)	dangereuse
ravissante (bezaubernd), sophistiquée	terrifiante (furchteinflößend), sauvage

b) La **B**elle et la **B**ête – c'est une allitération qui souligne d'une part **l'antagonisme** entre la beauté et la monstruosité, mais qui semble d'autre part les rapprocher par l'emploi de la même consonne.

Devoir 10: (→ p. 25)

La Belle est sincère: elle dit la vérité au monstre, (elle dit qu'elle est sincère)	elle est douce, compréhensive: elle éprouve de la pitié à l'égard du monstre qui l'aime tellement
elle est courageuse (refuse de l'épouser malgré sa peur)	
elle est reconnaissante: elle voit tout le bien que la Bête fait pour elle	

Devoir 11: (→ p. 25)

(Voir devoir 1 a): La Belle de ce conte de fée ne correspond pas du tout aux idées qu'on se fait généralement d'une belle fille et de la vie que mène celle-ci. On se l'imagine facilement entourée de gens qui l'aiment et la protègent, donc comme un être plutôt fragile. La Belle de ce conte se sacrifie pour son père, elle est entre les mains d'une Bête terrifiante. Mais malgré la présence d'un monstre, elle garde son sang-froid: Elle mange de bon appétit, lui dit la vérité quand il lui demande si elle le trouve laid. Elle ne sait pas mentir, elle est sincère. Elle est même très courageuse, car elle ose refuser de l'épouser tout en dépendant entièrement de sa bonne volonté. De l'autre côté, elle constate son bon caractère et se met à l'apprécier malgré son aspect repoussant. Elle est donc loin d'être superficielle – elle est compréhensive et sensible et comprend la douleur que cause son refus au monstre qui est plein d'égards (Rücksichtnahme) pour elle.

Physique

situation

réactions/comportement

portrait moral

Devoir 12: Résumé: (→ p. 26)

Cet extrait de texte parle du séjour de la Belle au château et des relations entre la Belle et la Bête. **Un soir** (Verbindung zum Einleitungssatz), la Belle est en train de souper lorsque la Bête arrive et lui demande **si elle peut lui tenir compagnie** (keine wörtliche Rede im *résumé*, keine direkten Zitate). La Belle a très peur, mais elle ne peut pas dire non. Elle a encore davantage peur quand la Bête lui demande s'il veut l'épouser, mais comme elle est très sincère, **elle lui dit que non** (Stil: Satz nicht wiederholen). Pendant des mois, tous les soirs à la même heure, la Bête apparaît et lui pose la même question. Et quand la Belle dit qu'elle ne veut pas l'épouser, **la Bête semble pénétrée de douleur** (keine wörtlichen Zitate). **La Belle éprouve de la pitié pour le monstre dont elle reconnaît le bon cœur et le bon sens.** (keine direkten Wertungen) **oder: La Belle elle-même souffre d'être obligée de lui causer tant de peine car au cours de son séjour au château, elle a pu découvrir les bontés du monstre et s'est mise à les apprécier.**

Devoir 13 a): (→ p. 26)
Eléments du conte de fée: 1. un château ensorcelé, 2. un monstre terrible, 3. une Bête qui parle, 4. une Bête qui raisonne (argumentieren) comme un homme, 5. une fille-modèle qui est prête à se sacrifier pour son père, qui n'a pas peur du monstre, qui a de la sympathie pour le monstre.

13 b):
Les éléments d'une suite possible:
La Belle s'habitue de plus en plus à la présence de la Bête au point de (so sehr, dass) ne plus éprouver d'angoisse. Elle est prête à l'épouser. La Bête devient aussitôt un prince, car en réalité, c'est un très beau prince qui avait été transformé en monstre par un méchant sorcier. La Belle et son mari auront beaucoup d'enfants et seront très heureux …
La suite du conte de fée de Mme Beaumont: La Belle obtient la permission de la Bête d'aller voir son père. Lorsque ses sœurs apprennent dans quel luxe elle vit, elles l'empêchent de retourner chez la Bête. Pourtant elle lui avait juré (schwören) de revenir! La Belle réussit à se libérer: elle trouve la Bête qui est malade de chagrin et qui risque de mourir de faiblesse. Elle lui dit qu'elle l'épousera. Aussitôt, la Bête se transforme en très beau prince. Mais les deux sœurs sont transformées en statues de pierres, condamnées à observer pour toujours le bonheur de la Belle.

***** Devoir facultatif:*** (→ p. 26)
La Belle est une fille vertueuse: Elle est prête à se sacrifier pour son père, elle est modeste, elle dit la vérité au risque d'irriter le monstre; elle essaie de faire du bien aux autres et aura sa récompense. Le message que Mme Leprince de Beaumont tente de transmettre est le suivant: Soyez sincère, méfiez-vous des apparences, donnez à votre prochain ce dont il a besoin sans trop vous soucier de votre avantage – le fait de faire du bien aux autres suffit pour nous rendre heureux.

SOLUTIONS

Texte 3

Devoir 14: (→ p. 28)
Wahlmöglichkeit – a et c sont de bonnes réponses:

b) c'est une réponse un peu trop générale et qui ne saisit pas bien cette situation: Le vieil homme et sa nièce ne sont pas capables de vraiment lutter contre l'officier allemand. Tout ce qu'ils peuvent faire, c'est de ne pas ‹coopérer› ou de faire semblant de l'accepter.

a) L'officier allemand fait penser à un être qui parle tout seul face à l'immensité de la mer.

c) C'est une situation qui n'est pas très agréable: un homme qui entame (anfangen) une conversation sans obtenir de réponse. Les autres ne veulent pas lui parler – que fera-t-il? Se fâchera-t-il? S'en ira-t-il?

Devoir 15 a): (→ p. 29)

Le conte tel que le raconte Werner von Ebrennac	**Le conte de Mme Beaumont**
la Bête la tient à sa merci	la Belle peut se promener au château
la Belle est impuissante	la Bête lui dit: Vous êtes la maîtresse
la Bête lui impose à toute heure sa présence qui est implacable et pesante	la Bête ne vient que le soir toujours à la même heure et la Belle est contente de le revoir
la Belle est fière, digne	la Belle est modeste, gentille, sincère et pleine de compassion pour la Bête
la Bête est brutale, rustre, maladroite	polie, courtoise

elle a du cœur — elle a du cœur
la Bête, c'est le geôlier haï — la Belle ne haït pas la Bête

15 b):
Werner von Ebrennac: Il aime beaucoup ce conte. Il le trouve émouvant et consolant car il compatit à la situation de la Bête.

Devoir 16:* *Interprétation: (→ p. 29)
Werner von Ebrennac en tant qu'occupant allemand impose sa présence à l'oncle et à la nièce: il est donc comparable à la Bête. Il se sent haï et détesté par l'oncle et

situation de l'occupant

encore davantage par la nièce. Il essaie de leur faire comprendre qu'il accepte/admet assez bien cette haine envers l'ennemi allemand, mais qu'il espère qu'un jour cette haine se transformera en amour. On pourrait croire qu'il parle de lui et de la fille, mais beaucoup d'indices dans ce conte montrent qu'il pense plutôt aux deux pays ennemis – qu'il croit incarner en personne (descendant huguenot, officier allemand) – il rêve de leur réconciliation parce que la France et l'Allemagne sont faites pour s'entendre et que qc. de merveilleux résultera de cette union.

perspective des relations

Devoir 17: (→ p. 29)
Vercors a choisi un narrateur-personnage, un Français, qui est lui-même touché par l'Occupation. C'est lui qui parle du soir où l'officier allemand raconte ce conte qui semble symboliser sa situation et celle de ses hôtes. C'est à travers ce narrateur-personnage que le lecteur (français!) apprend qu'il y a également de bons Allemands qui souffrent aussi de cette haine entre leurs deux peuples. L'idée du conte, c'est l'union entre la Bête (l'Allemagne) et la Belle (la France) qui donnera de très beaux enfants (la paix, la prospérité ...). Et Vercors veut transmettre ce message aux Français: Il faut mettre fin à la haine héréditaire (Erb-) entre les deux peuples.

Texte 4

Devoir 18: (→ p. 33)
La fille que montre la première illustration a l'air très sérieuse et sage, elle n'est ni laide ni jolie. Elle a le visage oval, le front large, ses joues sont pleines. Son nez est pointu et bien grand, sa bouche est bien dessinée, son menton est énergique. Elle semble avoir des yeux noisette, son regard est énigmatique (rätselhaft) ou rêveur. Ses cheveux marron sont relevés en chignon.
L'autre fille a l'air beaucoup plus douce, elle est mignonne avec son visage poupon, son front haut, ses joues pleines et son petit nez bien droit, elle a une bouche très bien dessinée, ses lèvres sont épaisses. Ses grands yeux clairs sont tournés vers le ciel et lui donnent cet aspect sage et dévoué (hingebungsvoll). Elle porte les cheveux relevés en chignon, mais d'une manière négligée.

Devoir 19 a): (→ p. 34)

le corps:	**le visage:**	**les yeux:**	**la peau:**
fortement constitué	une tête énorme	gris	le velouté a été détruit par la petite vérole
corsage bombé	le front masculin	lumière jaillissante	
grand et fort	le nez un peu trop fort, une bouche d'un rouge minium		

b) Elle est innoncente, pudique, chaste, modeste, douce.

Devoir 20:
L'illustration n° 1 correspond mieux à la description de son physique, l'illustration met en évidence (betonen, herausarbeiten) son expression, son innocence.

Devoir 21:
Eugénie, c'est une jeune fille qui vit à Saumur. Son père – un riche tonnelier d'une avarice maladive – la tient à l'écart du monde. Quand elle voit son cousin Charles – un dandy parisien – pour la première fois, elle tombe tout de suite amoureuse de lui. Elle est jeune, mais elle *physique* n'est pas faite pour impressionner dès la première rencontre. Elle est mal habillée, très grande et forte, elle a une tête énorme et un visage qui est dominé par un front masculin et par un grand nez, mais lorsqu'on la regarde de plus près on voit que ses yeux sont d'un gris clair et que sa bouche exprime sa gentillesse et son bon caractère. Son cou et sa poitrine sont très beaux, mais comme elle ne s'habille pas très bien, on ne remarque pas tout de suite leur beauté. Sa personne (tout entière) *caractère* dégage un air d'innocence, de chasteté, de pureté, mais il faut regarder de près et bien connaître les femmes pour être capable de détecter (aufspüren) ses qualités.

Devoir 22:
Le texte énumère les prétendus (angeblich) défauts (la peau touchée par la petite vérole) d'Eugénie, mais il enchaîne tout de suite des descriptions beaucoup plus flatteuses:
Elle est forte **mais:** elle ressemble à la Vénus de Milo et ses formes sont ennoblies par sa religiosité.
Elle a un front masculin **mais** délicat comme une statue grecque.
Les traits de son visage ont été grossis par la petite vérole **néanmoins** sa peau est toujours si fragile que le léger baiser de sa mère y laisse des traces.
Son nez est un peu trop fort **mais** il harmonise avec sa bouche.
Son corsage manque un peu de grâce **mais** pour les connaisseurs elle est très attirante.
Elle n'a rien du joli qui plaît aux masses **mais** tous les artistes, mêmes les plus célèbres auraient compris à quel point elle est belle – d'une beauté due à sa vie chrétienne.

Devoir 23: (→ p. 35)
Le lecteur s'aperçoit qu'il s'agit d'un narrateur omniscient, lorsque le narrateur
- parle des conséquences de la modestie d'Eugénie (fertile en souffrances),
- la qualifie de ‹représentante› de la petite bourgeoisie,
- développe son idée de la supériorité de la beauté ‹chrétienne› face à la beauté païenne (heidnisch).

Devoir 24: (→ p. 35)
Il s'adresse à un lecteur ‹connaisseur› qui comprend ses allusions à l'antiquité, aux peintres célèbres et qui comprend que cette fille est vraiment faite pour plaire à une élite intellectuelle et morale, car d'après le jugement de Balzac: la vie chrétienne – chaste et pure, pleine d'amour d'autrui (Nächstenliebe) – embellit (schöner machen) encore les femmes, les rend encore plus belles que les Vénus grecques.

**** Devoir facultatif:*** (→ p. 35)
Balzac: Eugénie représente donc pour Balzac la jeune fille chaste et pure qui dans cette société matérialiste ne sera ni comprise ni aimée ni heureuse. A travers le portrait de cette jeune fille dont la beauté physique révèle sa beauté intérieure, il critique la société qui ne comprend ni sa beauté physique ni sa beauté morale et qui la rendra malheureuse.
Son cousin Charles – cet élégant parisien – lui non plus, il ne saura pas estimer à juste valeur (wahrer Wert) sa cousine. Il ne l'aimera pas comme elle, elle l'aime.

SOLUTIONS

Devoir 25: (→ p. 35)
C'est l'extrait b) qui sert à compléter le portrait d'Eugénie. C'est elle qui contemple cette cour et ce jardin dont les beautés sont un peu secrètes et cachées – comme les siennes.
mots-clés: étroit – borné, solitaire, inculte, mystérieuse beauté

Texte 5

Devoir 26: (→ p. 38)
l. 1–18 Le malheur dû à une erreur du destin
l. 18–35 Les rêves et … la réalité
l. 35–54 Le bal

Devoir 27:
a) et d) semblent le mieux résumer l'extrait de texte. Ce qui est très important, c'est qu'elle est malheureuse à cause de son sens très développé de tout ce qui est goût et esthétique et qu'en même temps, elle ne fait rien ou ne peut rien faire pour échapper à sa situation.

Devoir 28:
Les figures de style sont par exemple:

a) L'ampleur du malheur est souligné par: le rythme ternaire (Dreitakt) dans l'énumération: leur jeunesse, leur instinct d'élégance, leur souplesse d'esprit
l'anaphore, la répétition (et elle se laissa marier …, elle fut simple … elle songeait, elle songeait au grand salon … aux meubles fins … aux petits salons,
elle n'avait pas de dot, pas d'espérances, aucun moyen d'être …)

b) Le contraste est souligné par l'antithèse – le rêve (elle songeait) – la réalité (son humble ménage)
…

c) L'importance de son succès au bal:
La première phrase apprend déjà l'essentiel au lecteur: elle eut un succès. On retrouve le rythme ternaire: elle était élégante, souriante, grâcieuse … tous les hommes la regardaient, demandaient son nom, cherchaient à être présentés. Même le ministre la ‹remarqua› – elle a atteint le ‹sommet› de ses espoirs: une phrase très longue apprend au lecteur qu'elle est ivre de bonheur.

Devoir 29: (→ p. 38)

a) C'est une dame qui a prêté une rivière de diamants à Mme Loisel le soir du bal.

b) Mme Loisel a perdu cette rivière et elle en a fait refaire une autre tout identique pour la rendre ensuite à Mme Forestier.

c) Elle a dû mener une vie très dure pour pouvoir rembourser cette rivière, elle a vieilli.

d) Elle apprend que la rivière était fausse.

Texte 6

Devoir 30: (→ p. 40)

C'est un dialogue qui est marqué d'un certain suspense. Tout d'abord, il y a le contraste entre d'une part l'amie – toujours jeune et belle – et d'autre part Mme Loisel qui a vieilli à cause de sa vie dure. Ensuite il y a la fierté naïve de Mme Loisel qui révèle à Mme Forestier le secret de la rivière perdue – elle raconte cette histoire dans l'espoir que l'autre comprendra pourquoi elle a tant changé. Le point culminant - la déception, le choc – le lecteur le voit en même temps que Mme Loisel: on apprend que la rivière était fausse et que tous les efforts, les sacrifices ont été vains!!

***** Devoir facultatif:*** (→ p. 40)

Avant d'aller au bal, Mme Loisel a constaté qu'elle n'avait pas de bijou à mettre avec sa toilette de bal. Elle s'est alors souvenue de son amie Mme Forestier, femme très, très riche. Elle lui a demandé si elle voulait lui prêter cette rivière de diamants, et Mme Forestier a été d'accord. Au cours du bal ou peu après, elle a dû perdre la rivière et elle et son mari ne l'ont plus retrouvée. Ils sont donc allés chez un bijoutier et lui ont dit de refaire une rivière toute semblable à celle que Mme Loisel avait perdue. Afin de payer la somme énorme, ils ont dû mener la vie des gens simples: Mme Loisel s'est mise à faire le ménage elle-même, à laver le linge, faire la cuisine etc.

Devoir 31:

Le titre *La parure* nous présente l'objet qui détruit la vie de Mme Loisel. Elle ne peut que réagir. C'est la parure qui marque et détermine la nouvelle. Il y a 1° – le désir de l'emprunter de la part de Mme Loisel (elle veut avoir l'air riche au bal) 2° – sa perte qui détruit la vie de la belle Mme Loisel (elle n'ose pas avouer la perte à son amie).

SOLUTIONS

Devoir 32: (→ p. 40)
Mme Loisel est née ‹comme par hasard› dans un milieu qui ne lui convient pas. Elle se sent faite pour autre chose et par conséquent, elle souffre beaucoup. C'est par ‹hasard› qu'elle perd la rivière et c'est également par hasard qu'elle apprend que tous ses sacrifices (elle a ‹perdu› sa jeunesse) ont été vains. Mais l'auteur veut nous montrer une autre vérité: Il dénonce la morale d'une société qui veut qu'on rembourse ‹un objet› sans rien dire au prix d'une vie.

Texte 7

Texte 8

Devoir 33:	**L'Etranger**	**Une Femme** (→ p. 46)
thème	mort de la mère	
date	aujourd'hui ou hier	lundi 7 avril environ 10h
lieu	à l'asile	à la maison de retraite de l'hôpital de Pontoise
personnage principal	le fils	la fille
autres personnages	le concierge le directeur la garde	l'infirmier la femme du service une jeune femme à l'état civil la femme qui partageait la chambre de la mère
la mère	––––––	ressemblait à une momie (l. 12–16)
objets	––––––	crucifix (abîmé) sur le corps de la mère, bouquet de forsithias, affaires personnelles

formalités	le directeur consulte un dossier	à l'état civil, le dossier, sac en plastique (avec les affaires personnelles), fiche d'inventaires
coutumes/ traditions	les amis veillent la mère, lumière forte, chaleur, il faut vite enterrer la mère.	deux heures réglementaires dans le service, malgré ce règlement, on conduit la mère à la morgue tout de suite.
comportement du fils/de la fille	il boit du café, fume une cigarette devant sa mère et parle avec le concierge.	elle va voir sa mère, elle va à l'état civil et emporte deux souvenirs de sa mère.

Devoir 34: (→ p. 46)
Il y a de **nombreuses ressemblances frappantes:**
Le thème est identique (la nouvelle de la mort par le biais (Umweg) d'un télégramme ou d'un coup de téléphone), le lieu de l'action est un asile, le personnage principial est le fils ou la fille. Les autres personnages sont dans les deux cas le personnel de l'asile. Les formalités jouent dans les deux extraits le même rôle important: dossier, l'état civil etc. ...
Il y a un certain manque de respect vis-à-vis de la mère décédée: On ne respecte même pas le règlement pour se «débarasser» au plus vite de la mère, chez A. Ernaux, on n'attend même pas les deux heures de règlement, chez Camus, il faut vite l'enterrer à cause de la chaleur.

Les différences sont plus difficiles à trouver, mais quand même évidentes: Chez Camus, la mère n'est pas décrite. Aucune remarque sur le visage de la mère. Il n'y a aucun objet qui lui appartienne: pas de fleurs, aucune affaire personnelle. Le manque de respect est extrême: le fils fume et discute avec le concierge en présence de la mère sur son lit de mort.

Devoir 35:
En comparant les deux extraits, d'une part du roman de Camus *L'Etranger* et d'autre part de la nouvelle d'Ernaux *Une Femme,* on constate de **grandes ressemblances.** Il s'agit en effet, dès le début, d'un sujet commun, la nouvelle de la mort d'une mère. Le lieu de l'action est le même, c'est chez Camus, un asile de vieillards à Marengo et chez Ernaux, l'hôpital de la maison

SOLUTIONS

de retraite de Pontoise. Le lecteur est frappé par le style froid de l'introduction et le manque de sentiments. Chez Camus et Ernaux, le lecteur apprend à deux reprises la mort de la mère, au début et ensuite par l'intermédiaire d'un télégramme (chez Camus) ou par un coup de téléphone (chez Ernaux). Le narrateur Meursault montre déjà l'absurdité du télégramme en expliquant que «demain était peut-être hier».

D'autres ressemblances sur le plan du contenu sont frappantes: les personnages concernés sont un fils (chez Camus), une fille (chez Ernaux), les autres personnages qui prennent dans le récit une grande place sont le concierge, le directeur et la garde (chez Camus) et l'infirmier, la femme de service, la jeune femme à l'état civil et la femme qui partageait la chambre de la mère (chez Ernaux). Les formalités à remplir sont identiques, il s'agit de «dossiers», d'inventaire etc. C'est là où le lecteur comprend que la mort de la mère n'est qu'un acte administratif où tous les détails concernant les personnages secondaires prennent une place importante dans le récit.
Identique aux deux extraits est le fait de se débarasser (sich entledigen) très vite de la mère après sa mort. Chez Camus, «il fallait l'enterrer très vite, parce que dans la plaine il faisait chaud», chez Ernaux, «on pouvait conduire ma mère à la morgue de l'hôpital sans attendre la fin des deux heures réglementaires de maintien du corps dans le service après décès».
Meursault ne donne aucune description de sa mère, Ernaux décrit en quelques lignes sa mère sur son lit de mort. C'est là où le lecteur ressent **une différence** entre le comportement de Meursault et de la fille chez Ernaux. Meursault va voir sa mère, mais malgré cette situation, il boit du café et fume devant sa mère et parle avec le concierge. Il ne manifeste aucun sentiment de tristesse, la seule chose que l'on apprenne, c'est que la lumière forte le fatigue. La fille chez Ernaux ne manifeste pas beaucoup plus de sentiments, mais certains détails marquent déjà le lecteur: Elle veut habiller sa mère d'une chemise de nuit, pense au crucifix, elle lui a apporté des fleurs. Elle emporte deux souvenirs de voyage que sa mère a gardés. Même si ces gestes sont conformes à la coutume, ils révèlent peut-être déjà le début d'une nouvelle relation.

***** Devoir facultatif:*** (→ p. 46)

Il s'agit des dernières lignes de la nouvelle *Une Femme* d'Annie Ernaux. C'est en recherchant ce qu'est vraiment sa mère et quelle importance elle a eu pour son évolution personnelle que le rapprochement entre les deux êtres se fait: l'analyse critique fait renaître la vraie mère. A la fin du récit, le lecteur apprend par la narratrice que la perte de la mère signifie une grande solitude pour la fille. Il y a donc une grande évolution entre le début et la fin de la nouvelle. La narratrice considère la mort de sa mère – au début de la nouvelle – un peu comme Meursault, c'est-à-dire comme un acte administratif. Seuls les souvenirs qu'elle emporte peuvent être déjà le signe d'un certain attachement (Bindung). A la différence de Meursault, elle dépasse ce stade et à la fin, elle élève un monument (ein Denkmal errichten) à sa mère en la faisant revivre grâce à une analyse du passé vécu en commun: c'est l'image de l'enfantement (das Gebären) par laquelle «une femme» dit à sa mère: «J'ai perdu le dernier lien avec le monde dont je suis issue.»

Devoir 36: (→ p. 47)

Camus résume le roman *L'Etranger* par la phrase suivante: «Dans notre société, tout homme qui ne pleure pas à l'enterrement de sa mère risque d'être condamné à mort. Je voulais dire que le héros du livre est condamné parce qu'il ne joue pas le jeu.»
En effet, Meursault est condamné à mort, non pas parce qu'il tue un Arabe, mais parce qu'on peut prouver lors de son procès qu'il est resté indifférent à la mort de sa mère. Il ne montre aucune tristesse et ce comportement est considéré comme monstrueux.
La question est de savoir comment la société réagit face à tel comportement. Si une personne ne pleure pas à l'enterrement de sa mère, cela veut dire qu'elle se montre indifférente, les gens la condamneront, naturellement pas «à mort», mais ils porteront un jugement négatif sur le comportement du fils et de la fille.
Je suis persuadée que tous ceux qui remarquent une telle réaction face à la mort de la mère n'approuvent pas cette manière de réagir.
C'est pourquoi Camus a raison quand il affirme que tout homme qui ne pleure pas à l'enterrement de sa mère sera condamné. Il est exagéré de dire condamné «à mort», il vaut mieux dire condamné à être incompris et peut-être même refusé de la société. Pour ma part, je pense qu'il serait exceptionnel de savoir faire preuve de tolérance pour comprendre cette attitude (Haltung). Peut-être serait-ce mieux de se poser des questions, d'essayer de comprendre les raisons qui conduisent à tel comportement plutôt que de condamner. Pourquoi est-ce si difficile d'accepter telle réaction?

SOLUTIONS

Cela est dû à la morale qui nous a appris qu'il est «normal» d'exprimer de la reconnaissance (Dankbarkeit) envers ses parents, de les aimer, donc de pleurer quand on les perd.
Sans pour cela approuver (billigen) l'attitude de Meursault, je trouve cependant important de jouer franc jeu (offenes Spiel spielen), d'être honnête envers soi et les autres. En ce qui me concerne, je suis contre le fait de montrer de la tristesse, de pleurer seulement parce que les autres attendent cette réaction qui est habituelle. Je rejette l'idée de mentir et de jouer la comédie.
La monstruosité morale serait bien plus grande si Meursault jouait au fils triste et malheureux le jour de l'enterrement de sa mère. Camus semble revendiquer (verlangen) le droit à la différence: Meursault refuse au nom de la vérité tout compromis. Même si on ne partage pas les idées de Meursault, je crois qu'il est important d'accepter son comportement et ses motivations face à la mort de sa mère.

Les textes narratifs – Übungsklausur

Devoir 1: (→ p. 52)
L'histoire se déroule en Normandie, pendant la guerre et l'occupation de 1870/71 lorsqu'un groupe de voyageurs doit faire face à une situation difficile et échoue lamentablement (kläglich scheitern). Une diligence part de Rouen et à la grande surprise et indignation des voyageurs ‹honnêtes›, Boule de suif, une prostituée qui doit son surnom à sa corpulence, les rejoint. A Tôtes, un officier allemand les empêche de continuer leur voyage parce que Boule de suif qui est très patriote ne veut pas l'accepter comme ‹client›. Au bout de trois jours, les autres voyageurs se mettent à exercer une très forte pression morale, et finalement Boule de suif cède et se sacrifie pour les autres. Mais au lieu d'être reconnaissants, les gens ‹honnêtes› font comme si elle n'existe pas et lui montrent leur mépris.

Devoir 2:
On apprend d'abord qu'elle est très, très grosse: *ronde de partout,* mais que sa grosseur n'a rien de repoussant, au contraire, elle est *fraîche et appétissante.* Elle a de très beaux yeux *(‹des yeux magnifiques›)* et une très belle bouche. Malgré son ‹métier›, elle dégage un air d'innocence et de fraîcheur. Elle est très gentille puisqu'elle offre toutes ses provisions aux autres et elle n'a pas honte de ce qu'elle fait: lorsque les femmes chuchotent à son sujet, elle est capable de les faire taire. De plus, elle ne veut pas accepter les propositions de l'officier allemand. C'est un ennemi de la France et elle ne veut pas ‹collaborer› en faisant l'amour avec lui. Mais elle est très ‹bon enfant› et lorsque les autres lui font comprendre que leur départ dépend d'elle, elle accepte de se prostituer.

Devoir 3:
Dès le départ, les autres voyageurs se comportent d'une manière très hypocrite: Ils sont choqués lorsqu'ils voient arriver une prostituée, mais ils ne dédaignent (verschmähen) pas ses provisions. Ils se montrent d'abord choqués lorsque l'officier veut coucher avec Boule de suif, mais quand ils constatent que le séjour risque de se prolonger, ils font tout pour que Boule de suif cède. Mais dès qu'elle a fait ce qu'il fallait faire pour que la diligence ait le droit de repartir, ils se montrent ingrats (undankbar), arrogants et hypocrites: ils l'ont poussée dans les bras de cet officier, mais maintenant elle n'est plus pour eux qu'une ‹pute› (Hure).

Devoir 4:

Maupassant oppose très nettement Boule de suif aux gens ‹honnêtes›. Dans le texte, elle est décrite d'une manière très complaisante. Pour faire ressortir p.e. son innocence: elle est comparée à une *‹pivoine›,* ses dents à des *‹quenottes›.* Son comportement est irréprochable: elle est fière et digne, elle sait ce qu'elle veut, elle est généreuse et brave. Les autres par contre, ce sont des hypocrites, des coincés (Verklemmte) qui confondent leur intérêt personnel et la morale. Mme Loiseau se met à parler d'un ton très vulgaire (elle dit des mots grossiers) du devoir présumé (angeblich) de Boule *(puisque c'est son métier)* et elle révèle également ses propres pensées quelque peu obscènes: elle croit que l'officier aurait préféré les femmes ‹honnêtes› et cette idée lui plaît, elle commence même à préférer l'ennemi à cette *‹morveuse›.*

Devoir 5:

Le «complot» des autres voyageurs consiste à pousser Boule de suif à faire quelque chose qu'elle ne veut absolument pas faire. Ils font cela a) par pur égoïsme: ils ne veulent pas rester à Tôtes plus longtemps et b) par mépris de la personne de Boule de suif. Boule de suif, la prostituée, se vend aux hommes, certes, mais elle est patriote et sa façon de résister, c'est de ne pas céder à cet homme, même si elle doit accepter des ennuis (le séjour à Tôtes). Mais comme elle n'est qu'une prostituée, les autres ne respectent pas le caractère sérieux de ses motifs et la sériosité de cette décision. En la jetant dans les bras de l'officier›, ils l'empêchent donc d'être fidèle à sa propre dignité, mais ce qui est pire, c'est qu'après – dans la diligence-ils lui font comprendre par leur indignation hypocrite que ce qu'elle a fait, c'est quelque chose d'abominable (abscheulich).

LES TEXTES DRAMATIQUES 2

Texte 1

Devoir 1: (→ p. 59)
La bonne réponse, c'est a): Il n'est pas malade.

Devoir 2: (→ p. 62)
b): parce qu'il
- trouve que les factures de ses médecins sont trop élevées
- se met à crier
- se met à crier des invectives (Beleidigungen)
- il n'a même plus besoin de sonnette
- il exagère *(‹ils me laisseront ici mourir›)*

Devoir 3:
- Elle dit qu'Angélique n'est pas malade. Elle n'a – par conséquent – pas besoin d'un médecin, mais d'un homme qu'elle aime et qui l'aime.
- Argan veut que sa fille épouse un médecin parce qu'il compte ainsi avoir toujours dans sa famille un médecin qui le soigne et qui s'occupe de lui. Peut-être qu'il croit aussi pouvoir faire des économies – puisqu'au début, il s'est plaint des factures des médecins et des apothicaires!
- Toinette n'est que la servante, mais elle ose critiquer ouvertement son maître *(‹dessein burlesque›)*, elle lui dit de se calmer *(‹tout doux›)* et lui fait comprendre que l'idée d'Argan est égoïste et qu'il n'est pas malade – mais fou! *(‹vous êtes plus malade que vous ne croyez›)*

Devoir 4: (→ p. 63)
a) et surtout c) sont les bonnes réponses.

Devoir 5 a), b): (→ p. 63/64)
Toinette est franche, irrespectueuse, intelligente.
Toinette ne craint pas son maître. Elle lui dit ce qu'elle pense d'une manière très ouverte, voire (ja sogar) irrespectueuse. Elle est assez intelligente pour comprendre qu'Argan agit par pur égoïsme et le lui dit franchement.

Béline est hypocrite, avide d'argent, rusée.
Elle sait qu'elle se trouve dans une situation difficile: Selon la coutume, elle n'héritera pas d'Argan, alors si elle veut toucher (bekommen) de l'argent, elle doit agir prudemment. Elle fait donc croire à Argan, que l'argent ne l'intéresse pas du tout et qu'elle mourra de chagrin s'il meurt. Mais c'est elle qui a trouvé ce notaire qui montre à Argan comment ce dernier peut tromper ses enfants et lorsqu'Argan lui parle de son argent caché, elle veut savoir où il se trouve. Elle est donc hypocrite parce qu'elle feint (vortäuschen) des sentiments et elle est rusée parce qu'elle a mis en place (ausgearbeitet hat) toute une stratégie.

*** **Devoir facultatif:*** (→ p. 64)
Toinette et Béline sont toutes les deux des personnages stéréotypés. Le spectateur comprend dès leur première apparition quelle sera leur fonction pour la pièce:
Toinette, c'est la servante intelligente et courageuse. Elle fait face (Stirn bieten) à son maître là où il se trompe tout en lui étant fidèlement dévouée. Elle n'a peur de rien et puisqu'elle est très intelligente, elle sera capable de trouver des mesures contre

a) l'intention d'Argan de marier sa fille à un médecin alors qu'elle aime un autre homme et
b) l'intrigue de Béline.

Béline correspond parfaitement à l'idée qu'on se fait d'une belle-mère méchante:
Elle est hypocrite et rusée, mais elle ne réussira pas à nuire (schaden) aux enfants – elle sera punie à la fin.

Devoir 6: (→ p. 64)
Argan croit que sa femme l'aime vraiment – MAIS – Béline ne veut que son argent. Béline essaie de tromper les enfants – MAIS – l'argent ‹appartient› aux enfants.
Argan croit être malade – MAIS – il n'est pas malade.

Devoir 7: (→ p. 65)
– **la répétition** du drélin … **les invectives** (chienne, carogne …), **son comportement** (il crie), **le décalage entre la situation et son comportement, ce qu'il dit** (‹on me laisse ici mourir›)
– le **langage** faussement doux, **les exagérations, la contradiction** (‹non, non, je ne veux point de cela. Ah! combien dites-vous qu'il y a dans votre alcôve?›)

** Devoir facultatif:* (→ p. 65)
Toinette: p. 60, l. 1–3 (sur un ton interrogatif, plein de reproches, les mains sur les hanches [Hüften])
Argan: l. 4–5 (d'un ton sec)
Toinette: l. 6–9 (très énergique)
Argan: p. 61, l. 10–13 (un peu boudeur [schmollend], coupant net [harsch unterbrechend])
Toinette: l. 14–17 (ironique et d'un ton moqueur [spöttisch])
Argan: l. 17–20 (plus fort, croit devoir se justifier)
Argan: p. 61, l. 1–4 (intéressé et poli)
le notaire: l. 5–9 (d'un ton neutre, commerçant)
Béline: l. 10–12 (faussement pathétique)
Argan: l. 13 (ému)
Béline: l. 14 (de plus en plus pathétique)
Argan: l. 15 (au bord des larmes)
Béline: l. 16–17 (solennelle [feierlich])
Argan: l. 18–23 (la prend dans ses bras, veut la consoler et dit d'un ton rassurant)
Béline: l. 24–25 (d'abord d'un ton décidé, puis moins fort et plus doucement)
Argan: l. 24–25 (gentiment)
Béline: l. 26–27 (d'un ton indifférent)

Texte 2

Devoir 8: (→ p. 69)
a) Elle veut savoir de quelle famille Jean Bonnet vient.
b) M. Meyer est juif et il n'a pas le droit d'aller au restaurant. Le maître d'hôtel qui le connaît bien n'aurait pas dû lui permettre de venir manger dans ce restaurant.
c) Pour lui ‹Reinach› a une assonance juive, tout comme Kippelstein.

SOLUTIONS

Devoir 9: (→ p. 69)

a) Elle est très superficielle et conventionnelle et elle ne s'intéresse pas vraiment à Jean Bonnet. D'abord, elle n'a pas retenu son nom, elle croit qu'il s'appelle Gillet et tout ce qui l'intéresse, c'est de savoir s'il correspond à ses idées préconçues (vorgefaßte Meinungen, Vorstellungen) *‹Tous les Gillet sont lyonnais et ils fabriquent tous de la soie›*. Quand son fils lui apprend que Jean s'appelle Bonnet et qu'il est de Marseille, elle croit tout de suite connaître sa mère, bien entendu *‹une cousine des DuPerron, les huiles›*, donc quelqu'un de ‹bien›.

b) Dès qu'il apprend que M. Meyer est juif, il parle *très* fort, il le tutoie et le traite d'une façon dédaigneuse (verächtlich) *(‹Dis donc toi, tu ne sais pas lire?›)* et l'injurie *(‹youtre›)*

c) Les miliciens détestent et maltraitent les juifs, et le maître d'hôtel, lui non plus, ne défend pas M. Meyer, il s'excuse presque de ne pas l'avoir mis à la porte *(il vient ici depuis vingt ans. Je ne peux pas le mettre à la porte quand même)*

Mme Quentin est choquée par le comportement des miliciens, parce que M. Meyer *‹a l'air si convenable›*. Mais elle n'est pas choquée par le fait qu'il subisse ce traitement parce qu'il est juif. Elle non plus, elle n'aime pas les juifs: pour elle, l'idée que quelqu'un de sa famille puisse être juif, c'est presque une injure *(‹les Reinach sont très catholiques, s'ils vous entendaient!›)* et Léon Blum, le socialiste, c'est un juif qu'elle déteste au point de vouloir sa *mort. (‹celui-là, ils peuvent le pendre›)*

François par contre déteste les miliciens et dit ouvertement qu'il pense qu'ils sont des ‹collaborateurs›, ce qui est une très grave insulte qui vexe (beleidigen) beaucoup le milicien. En plus, il fait comprendre à sa mère qu'il ne trouve pas son raisonnement (Argumentation) très convaincant. *(‹Ils peuvent être alsaciens et juifs›)*

Devoir 10:

a) C'est une question de goût personnel, bien sûr. Il ne faut pas trop souvent se servir du gros plan – mais à la ligne 26, on pourrait filmer le visage de Jean Bonnet en gros plan afin de permettre au spectateur de se concentrer sur les sentiments, l'expression du visage du garçon qui observe un autre juif qui est humilié parce qu'il est juif (l. 28–29: Julien regarde Bonnet, qui regarde Meyer – les deux ‹scènes› se prêtent également au gros plan).

b) Cette photo montre le moment où M. Meyer tend ses papiers au milicien. M. Meyer est assis et regarde le milicien armé, vêtu d'un uniforme noir. Le choix du plan américain attire l'attention du spectateur sur ce qui se passera entre les deux protagonistes: le spectateur ignore encore que M. Meyer est juif, mais il sent la tension qui est provoquée par le contraste entre ce vieil homme et ce membre de la milice dont on connaît la brutalité.

Devoir 11: (→ p. 71)

a) – Mme Quentin interroge Jean Bonnet sur ses parents (l. 6–8)
   – Un milicien entre au restaurant et humilie M. Meyer parce qu'il est juif (l.26–27)
   – Mme Quentin et ses enfants parlent de leur famille.

b) La scène se déroule dans un bon restaurant où Mme Quentin, ses fils Julien et François et Jean Bonnet assistent à l'humiliation (Demütigung) d'un client juif.
   Mme Quentin ... (Suite) A ce moment, deux miliciens entrent dans le restaurant. Ils se mettent à contrôler les papiers et un milicien demande les papiers à M. Meyer. Celui-ci – **sachant ce qui l'attend** – écrase d'abord sa cigarette, puis il rend ses papiers au milicien qui l'injurie à haute voix **pour que tout le monde comprenne que M. Meyer est juif.** Le maître d'hôtel **se croit obligé de justifier** sa présence. On entend alors la voix de François qui traite les miliciens de ‹collaborateurs›. Mme Quentin excuse son fils auprès du milicien vexé. Julien est choqué par ce qu'il voit. **C'est pourquoi** il demande à sa mère s'il y a des juifs dans leur famille. Sa mère le nie avec indignation tout en prétendant qu'elle n'a rien contre les juifs.

Devoir 12:

Le mutisme	**Pourquoi?**
Mme Quentin: *Tiens, ça m'étonne.* Bonnet se tait.	Julien se retrouve de plus en plus ‹coincé› (doit se justifier), car Mme Quentin lui pose toutes ces questions
Le milicien: *Tu sais pas lire …?* M. Meyer se tait.	C'est une question rhétorique qui doit humilier M. Meyer.
Les clients se taisent. Julien regarde Bonnet, Bonnet regarde Meyer.	Ils ne savent pas quoi faire, c'est une scène désagréable et pénible/Julien ne dit rien pour ne pas trahir Jean, Jean ne peut pas dire ce qu'il ressent.

SOLUTIONS

SOLUTIONS

Le mutisme crée une atmosphère de suspense et de gêne. Le spectateur comprend et ressent presque lui-même a) les sentiments d'une victime qui est réduite au mutisme face à la violence b) le malaise d'un groupe de spectateurs qui ne sait pas comment réagir face à une telle situation. Le fait que le spectateur sache qu'il y a encore une autre victime possible dans la salle (Jean Bonnet) augmente encore le suspense.

*** Devoir facultatif:*** (→ p. 71)
Jean Bonnet: ça y est, heureusement qu'il peut s'en aller maintenant. Pauvre homme! Il ne reviendra sûrement plus jamais dans ce restaurant où on l'a insulté et traité comme un voyou. Et que serait-il devenu si l'officier allemand n'avait pas chassé les miliciens!? Je vois que mes parents avaient raison de me cacher dans cet internat. Pourvu que Julien ne dise rien aux autres copains.

*** Devoir facultatif:***
Julien: ‹On n'est pas juifs, nous?› Julien voit ce qui peut arriver aux juifs et il sait que son ami doit se cacher parce qu'il est juif. Il comprend que le fait d'être juif oblige les gens à se cacher, à être très prudents et à mentir. La question pourrait donc exprimer une certaine crainte ou bien montrer qu'il comprend que la persécution due à la religion l'éloigne de son ami Jean.

**** Devoir facultatif:*** (→ p. 72)
L'homme de la Gestapo remarque le regard et comprend tout de suite: c'est le regard de Julien qui a donné la réponse à sa question. Il se place devant lui et lui dit de le suivre. L'internat est fermé, les pères sont arrêtés: très probablement, ils vont tous mourir au camp de concentration.

Texte 3

Devoir 13: (→ p. 77)
Les parents de Stéphane, Jacques et Geneviève, sont déjà à table et ont commencé de manger. A ce moment-là arrive leur fils Stéphane. Tout de suite, la conversation s'engage surtout entre le père et le fils sur le séjour que vient de faire Jacques au Sénégal. A la fin de la scène, Marcelle, la femme de ménage, se mêle à la conversation et donne également son avis.

Devoir 14: (→ p. 77)

le père	le fils	la mère	Marcelle
activités des étudiants, l. 3–4	les «rois nègres», l. 10–11	mòtifs pour devenir écrivain l. 28–32	
parents réactionnaires, l. 14–15		problèmes financiers au niveau professionnel l. 44–49	
la contraception, l. 20–21	la contraception, l. 17–19		
le comportement égoïste et impoli du fils, l. 23–26	les pays du tiers-monde, l. 19 la faim dans le monde, l. 22		
l'argent et la littérature, l. 34–36	HEC Paris et les «bonnes études», l. 37–38		
révolution socialiste, l. 63–65	l'égoïsme et l'exploitation de l'homme, l. 53–57		
l'enthousiasme politique et activités du père autrefois étudiant, l. 62–65	le fils veut faire ses expériences lui-même, l. 76–78		
idéal: faire le bonheur de l'humanité, l. 68–71			
manque de liberté et d'expression sous régime communiste, l. 96–97			meilleur système social à Moscou écoles (aussi pour vieux), crèches, pas de chômage, l. 98–101

Devoir 15: (→ p. 77)
Cette rencontre entre le père et le fils n'est ni amusante (sauf pour le lecteur!) ni amicale. C'est un conflit sérieux entre père et fils. Donc c) est la seule réponse juste.

Devoir 16:

Texte original:	**Nouvelle version:**
Ah, te voilà! D'où sors-tu?	Bonjour, Stéphane, tu ne rentres qu'à cette heure-ci? Pourquoi es-tu en retard?
Une distribution de tracts sur les marchés parisiens? Les masses laborieuses vous ont prêté une oreille attentive?	J'espère que tu n'as pas passé ta journée à discuter avec les ouvriers et à distribuer des tracts. Tu ferais mieux de faire tes études.
J'ai fait bon voyage, merci!	D'ailleurs, ton égoïsme et ton impolitesse me choquent. Je suis déçu que tu ne me demandes pas si j'ai fait bon voyage. Tu ne penses qu'à toi, je vois.

Devoir 17: (→ p. 78)

Reproches du père au fils	**Reproches du fils au père**	**Figures de style**
l. 3–5: activités politiques		ironie (se moque des étudiants)
l. 5–6: impolitesse		sarcasme (répond à une question non posée)
	l. 17–19: critique l'inefficacité de la médecine l. 22–23: «l'égoïsme» des médecins	ridicule (ridiculise les médecins) exagération, caricature
l. 23–26: impolitesse et égoïsme (le fils fume à table)		politesse exagérée
l. 34–36: philosopher ne nourrit pas son homme		allusion sous-entendu

l. 39–40: son fils ferait mieux de faire de bonnes études		critique, allusion à la fainéantise (Faulheit) du fils
	l. 76–78: Toujours répéter la même chose. Le fils ne veut pas profiter des expériences du père	changement de ton critique non ironique
	l. 81–82: «son côté ancien combattant»	caricature, image
	l. 84: «états d'âme» et désillusions du père	langue populaire, énervement

Devoir facultatif 1: (→ p. 78)
Réponses possibles:
l. 10 (ricanant et ironique)
l. 12 (froidement)
l. 14 (ironique)
l. 17 (le ton moqueur)
l. 20 (assez énervé)
l. 22 (avec dédain) (verächtlich)
l. 27 Stéphane éteint sa cigarette d'un geste nerveux et regarde son père d'une manière agressive.
l. 36 Les parents de Stéphane rient de cette plaisanterie sur les intellectuels sans argent.
l. 37 Stéphane est vexé et parle à voix haute …

Devoir facultatif 2:
Stéphane a vingt ans, issu d'un milieu bourgeois parisien, habite Paris dans le bel appartement de ses parents. Il a le bac et fait des études.
On ne sait pas comment il est physiquement, mais on peut s'imaginer qu'il s'habille – par opposition au père – d'une manière «peu bourgeoise». Le metteur en scène pourrait peut-être habiller Stéphane d'un jean délavé (verwaschen), même troué (voller Löcher), d'un pull bien long, Stéphane a peut-être les cheveux longs etc. Financièrement, il dépend de ses parents, même s'il a travaillé un peu pendant les vacances pour avoir un peu d'argent. Dans une

autre scène, on apprend que le père lui prête la voiture et qu'il lui a même payé les contraventions (Strafzettel). Stéphane ne fait pas grand-chose chez lui, la femme de ménage lui apporte le repas malgré son retard. Il est certes en opposition, mais il jouit de certains privilèges que le milieu auquel il appartient lui offre. Il est «en pleine crise», il veut faire ses expériences lui-même, c'est pourquoi il s'est inscrit au parti communiste, mais peu de temps après, ayant perdu ses illusions, il a rendu sa carte – exactement comme le père autrefois!
Le ton est familier, sa langue est populaire, au cours de cet extrait, de plus en plus blessante pour le père. Enervé, Stéphane quitte la pièce en soulignant bien qu'il ne veut plus rien entendre de son père et que ses «états d'âme» ne l'intéressent pas.

** ***Devoir facultatif 3:*** (→ p. 79)
Je raconte une anecdote sur Heine afin que Jacques change de sujet de conversation et qu'il arrête de parler des méfaits de la cigarette. Je souhaite à tout prix éviter le conflit entre mon mari et mon fils.
J'essaie de rassurer Jacques et de lui montrer que l'évolution de notre fils est positive puisqu'il a déposé sa carte de parti! Malgré tous mes efforts, ils continuent. C'est encore une fois mon mari qui provoque la dispute. J'essaie de les calmer tous les deux, mais Stéphane exagère et est très impoli envers son père.

** ***Devoir facultatif 4:***

1. a) Jacques, déjà un peu énervé, lui rappelle le manque de liberté dans les pays communistes: pas de liberté d'expression. Marcelle ne saisit (begreifen) pas le problème et souligne sa simplicité d'esprit par la réplique: «J'ai personne à qui écrire.» Sans s'être informée («il paraît», «à ce qu'on dit», «je fais pas de politique»), elle affirme que là-bas, tout le monde peut travailler. Enervé par les propos ridicules de Marcelle sur la vie quotidienne en URSS, Jacques ajoute avec dérision (Sarkasmus) que les nombreux emplois se trouvent dans les mines sur les bords d'un fleuve (Kolima) en Sibérie.
1. b) Marcelle est impolie, impertinente, sans gêne et simple d'esprit.

2. Marcelle qui ne remarque pas qu'elle interrompt la conversation trouve que Jacques a bien de la chance d'être allé à Moscou. Elle pense sûrement que ses patrons ont beaucoup d'argent et la vie facile. Elle veut montrer à Jacques qu'il y a plus de justice sociale dans les pays communistes.

Devoir 18: (→ p. 79)
Dans la scène 12 de la pièce *Le Cœur sur la main,* Stéphane reproche à son père médecin son congrès au Sénégal. Il accuse son père de ne pas véritablement aider les pays du tiers monde: le fait de distribuer des pilules semble à Stéphane en effet grotesque surtout si les gens meurent de faim. C'est le problème dont parle Michel Bosquet dans le *Nouvel Observateur:* cette politique qui d'une part «gave» les riches de «mets exotiques» et qui d'autre part maintient une «oligarchie qui vit et pense à l'occidentale.» C'est ce que Stéphane veut dire à son père qui, en tant que médecin, va dans les pays du tiers monde pour en quelque sorte «imposer» la pilule contraceptive à ces pays. Problème bien délicat: imposer la pilule aux femmes des pays du tiers monde est à la fois une aide (pour freiner le surpeuplement et donc la faim dans le monde), mais aussi une entreprise audacieuse (waghalsig) du monde occidental qui impose sa mentalité, sa médecine sans respecter la mentalité, les croyances et les coutumes des pays concernés.
La question que le lecteur de la pièce de Loleh Bellon pourrait se poser est de savoir si un médecin parisien ne peut pas aider ces pays d'une autre manière, d'une manière plus efficace. Il suffit de penser à toutes ces organisations humanitaires «Médecins sans frontières» par exemple pour souligner l'idéalisme de ces médecins qui travaillent dans de simples hôpitaux qu'ils ont en partie créés eux-mêmes, et tout cela en renonçant à des salaires élevés. Ils forment là-bas du personnel, par exemple des médecins et des infirmières.
De Paris, le père de Stéphane pourrait leur envoyer des médicaments, du matériel médical, faire des collectes (Geldspenden sammeln), soutenir les projets d'organisation de parrain et marraine (Pate/Patin) pour les enfants des pays sous-développés.

Texte 4

Devoir 19: (→ p. 83)
b) est la bonne réponse: **le Roi se meurt** met l'accent sur l'action, c'est-à-dire sur l'agonie du Roi.

Devoir 20:
Dès sa première apparition, le Roi Bérenger I apprend par sa première femme et par le médecin qu'il mourra bientôt. D'abord, il ne veut pas y croire et se croit également maître de la vie et de la mort en affirmant qu'il décidera de la

date de sa mort. Mais le spectateur comprend qu'il est malade parce qu'il a du mal à marcher. D'ailleurs, Marguerite et le médecin lui répètent qu'il mourra et ils lui indiquent même l'heure de sa mort: il mourra à la fin du spectacle!

Devoir facultatif: (→ p. 84)
Suite possible: Le Roi devient de plus en plus faible. Il comprend alors qu'il doit vraiment mourir. Le spectateur assiste à l'agonie du Roi et aux différentes étapes de cette agonie et au comportement du Roi face à la mort: celui-ci a peur, il accepte sa mort, il se révolte, il dit adieu à ses proches, il pleure, il prie … et à la fin, il meurt.

Devoir 21:
- Les ministres sont en vacances.
- Ils sont en train de pêcher pour avoir un peu de nourriture pour la population.
- Bérenger s'appuie sur son sceptre.
- Il croit que ses ministres sont encore au lit.
- Il veut faire rembourrer son trône.
- Il dit qu'il mourra dans trois cents ans quand il aura le temps.
- Marguerite lui dit qu'il mourra à la fin du spectacle.
- Le médecin lui dit qu'il n'aura plus de petit déjeuner, que le cuisinier – sachant que le Roi allait mourir – avait déjà rangé son tablier et éteint le gaz.

Devoir 22 a):

le Roi: il a mal aux jambes, mal aux reins, il n'arrive plus à monter les marches tu trône	le royaume: le palais est mal chauffé, le trône n'est pas confortable
Il ne peut plus guérir	les terres sont rabougries et raccourcies
	l'autre bout du royaume est à trois pas de la salle du trône, les ministres doivent aller à la pêche pour nourrir la population

22 b): **Conclusion** (→ p. 84)

Le Roi est malade – mais il ne veut pas encore le reconnaître. Il essaie de banaliser ses maux en trouvant des explications (il fait froid dans le palais). Mais le royaume semble également atteint d'une maladie. On apprend qu'il devient de plus en plus petit *(ce qui en reste)* et qu'il est devenu minuscule *(à l'autre bout du royaume, c'est-à-dire à trois pas)*. Le spectateur comprend qu'il y a une corrélation (Zusammenhang) entre l'état de santé du roi (il mourra bientôt) et l'état et l'étendue du royaume (s'il devient encore plus petit, il ne restera plus rien du royaume).

Devoir 23 a):

- Marguerite et le médecin ne veulent pas que la mort surprenne Bérenger. Ils trouvent qu'il a le droit de se préparer à la mort et de faire ses adieux.
- Ce n'est pas une pièce ‹dramatique› classique, le héros n'est pas un être actif. On sait ce qui l'attend: il n'y aura donc pas de tournant surprenant, le déroulement de l'action est ‹déterminé› dès le lever du rideau, donc il n'y a pas d'évolution possible.
- Quand un homme naît, il découvre et conquiert ‹son› monde: il s'installe quelque part, il se fait des amis, il exerce un métier, on le respecte, il élève des enfants …,
- Et lorsqu'il vieillit, son monde devient de plus en plus petit: il prend sa retraite, il bouge moins, il a moins de choses à dire aux autres …

23 b):

C'est un être médiocre qui – par conséquent – réagit tout comme les autres êtres médiocres face à la certitude qu'il mourra bientôt. Le spectateur peut très bien s'identifier à ce roi et se mettre à sa place: chaque spectateur comprend qu'il aura face à la mort très probablement les mêmes réactions que ce Roi.

Devoir 24: (→ p. 85)

l. 13–15:	Exagération, rythme ternaire: *(quand je voudrai, quand j'aurai le temps, quand je le décidérai … dans quarante ans, dans cinquante ans, dans trois cents ans)*
l. 15–16:	Décalage entre la situation (gouverner) et le langage: *(En attendant, occupons-nous des affaires du royaume)*
l. 17:	Comique de langage: *(Aie! Mes jambes, mes reins)*
l. 23–24:	Comique de situation, le trône est devenu dur, il faut le *rembourrer:*
l. 19–20:	le Roi se sert du sceptre comme d'un bâton

le grotesque: – le pays se rabougrit,
– c'est la femme de ménage qui doit aller chercher les ministres,
– le cuisinier a déjà tout rangé parce qu'il sait qu'on n'aura plus jamais besoin de lui pour faire la cuisine.
– Marguerite et le médecin précisent au Roi qu'il mourra dans une heure et demie, à la fin du spectacle.

Le fait qu'un personnage meurt est tragique et ne prête pas au (Anlass geben zu) rire. Mais lorsqu'on assiste à la mort héroïque d'un héros, lui et sa façon de mourir sont très loin de la réalité du spectateur. Il pourra admirer ce héros et compatir avec lui, mais cela ne lui rappellera pas sa propre mort. Mais c'est justement le ridicule et le manque de dignité qui choquent le spectateur: tout comme dans la vie d'un être médiocre ou moyen, on retrouve le ridicule, le banal ... dans son agonie.

Texte 5

Devoir 25: (→ p. 89)

a): Nous avons peu d'éléments qui caractérisent le lieu de l'action. Inès précise qu'ils sont en enfer, entre assassins, entre eux. C'est le lieu des damnés (Verdammten), mais sans bourreau, donc sans torture (Folterung) physique.

b): L'enfer est de manière traditionnelle le lieu des damnés, de ceux qui sont condamnés à y rester, à subir de grandes tortures physiques. C'est le lieu du mal, des flammes et du diable: les méchants vont en enfer et y paient pour les fautes qu'ils ont commises sur terre. L'enfer, chez Sartre, est différent: ils sont trois, enfermés jusqu'au bout. C'est le trio infernal, ils doivent se supporter, c'est absurde, c'est toujours s'unir à deux contre un. L'enfer est comparé à un self-service (Imbiss), personne ne les sert, donc la torture sera faite par eux-mêmes.

Devoir 26:

Tous les trois ont de nombreux points communs. Ils sont morts, en enfer, ils sont donc dans la même situation. Ce sont des êtres qui ont raté leur vie (versagen), ils ont tous les trois commis un «crime»: Garcin affecte (vortäuschen) le courage, mais il a fui devant la guerre, il joue au héros en affirmant qu'il a

«tiré» sa femme «du ruisseau», alors que le spectateur sait qu'il l'a trompée et bafouée (demütigen). Inès a poussé sa cousine au suicide et Estelle a tué son enfant.
La grande différence existe surtout entre d'une part Garcin et Estelle et d'autre part Inès puisqu'elle est la seule à connaître réellement sa situation (voir devoir 27).

Devoir 27: (→ p. 90)

b) l. 6 Estelle *(lui pose la main sur le bras)* joue la même comédie et est complice de Garcin. Elle le rassure et par ce geste, elle lui dit qu'il est innocent.
l. 26–27 Estelle *Je vous défends d'employer des mots grossiers.* Sous le prétexte d'une bonne éducation, Estelle refuse la vérité.
l. 34 Garcin *(la main levée)* veut faire taire Inès en la menaçant de la frapper.

c) Les premières phrases de **Garcin** montrent déjà clairement sa mauvaise foi, sa «tricherie» qu'Inès dénonce en le traitant ironiquement de Héros (avec une majuscule!). Il souligne qu'il n'est pas coupable en répétant deux fois: «Où est la faute?» Au lieu de dire la vérité (il a déserté), il échappe – par sa mauvaise foi – aux causes de sa damnation.

Estelle joue aussi le jeu de la mauvaise foi puisqu'elle le console en précisant qu'«il n'y a pas de faute», donc qu'il n'est pas responsable. Inès leur demande de ne plus «jouer la comédie», c'est-à-dire ils doivent se montrer responsables de leurs actes.
Estelle, jeune et jolie femme, n'aime pas «les mots grossiers», en fait, cela veut dire qu'elle ne veut pas entendre la vérité sur sa situation de «damnée». Elle préfère jouer la comédie de «petite sainte» et Garcin, lui, de «héros sans reproches», comme dit Inès ironiquement. **Inès** est la seule qui se montre lucide (scharf blickend), elle reconnaît qu'ils ne sont pas «pour rien» en enfer, qu'ils doivent maintenant «payer» pour leur vie où ils ont fait souffrir des gens. Face aux réactions violentes d'Estelle et le geste menaçant de Garcin (il lève la main). Inès comprend tout à coup pourquoi ils sont là ensemble et pourquoi il n'y a pas de bourreau. Elle se comporte en bourreau et montre un plaisir sadique à les faire souffrir en leur démontrant leur réalité infernale: «Personne ne doit venir», «Nous resterons jusqu'au bout ensemble». Elle termine ses propos d'une manière ironique et sarcastique en affirmant que le fait d'être bourreau l'un pour l'autre permet de faire des économies de personnel!

***** Devoir facultatif: Le décor*** (→ p. 91)
Plusieurs réponses sont possibles naturellement:
D'une part, ce décor peut surprendre puisqu'il propose beaucoup de place aux personnages qui se trouvent enfermés en enfer. En tant que metteur en scène, on peut s'imaginer un espace plus restreint (enger) pour souligner le caractère infernal de ce lieu: il serait si petit que les personnages ne peuvent même pas se cacher dans un coin de la pièce. D'autre part, le décor correspond bien à l'enfer. Il n'y a plus rien de beau, plus rien, plus de meubles: c'est le néant. Donc, ce décor nu (nackt) symbolise bien l'état des personnages qui sont morts.

Devoir 28: (→ p. 91), ***Devoir supplémentaire:*** (→ p. 92)
Un commentaire personnel:
«Le bourreau, c'est chacun de nous pour les deux autres.» Voilà comment Inès résume le début de la scène 5 de *Huis clos.* Elle veut dire par là que les autres, ici Garcin et Estelle, sont ici comme des bourreaux: En effet, ils ne la quittent pas, ils l'observent, elle dépend d'eux et ils dépendent d'elle. Les autres la jugent, et son jugement sur elle-même dépend du jugement d'autrui (Urteil des anderen). C'est ce que Jean-Paul Sartre explique dans sa Préface de 1965: «L'autre ne peut être que l'enfer. Pourquoi? Parce que les autres sont au fond ce qu'il y a de plus important en nous-mêmes pour notre propre connaissance de nous-mêmes.»
Si on compare la situation d'Inès dans *Huis clos* avec celle de Pablo dans *Le Mur,* on constate qu'ils font tous les deux la même expérience de la solitude malgré la présence des deux compagnons respectifs. Pablo déclare «je me sentais seul» entre Tom et Juan dans la cellule, et Inès précise. «Nous resterons jusqu'au bout seuls ensemble.» Seuls et ensemble, quel paradoxe! Dans les deux extraits, nous avons une situation extrême d'enfermement, d'incarcération (Inhaftierung) et de destin identique, dans *Huis clos* et dans *Le Mur* la mort commune, et malgré cette situation, la solitude domine.
Pablo parle dans *Le Mur* de la «sale gueule» de Pedro, Inès parle du «héros» (Garcin) et de la «sainte» (Estelle). C'est la confrontation permanente avec le regard des autres qui conduit à une dégradation (Verschlechterung) des relations entre les individus: voilà l'expérience que font les personnages dans la pièce *Huis clos* et dans le récit *Le Mur.*
Tous les exemples cités illustrent ces relations, ces rapports dégradés que les personnages ont avec les autres. Les images qu'ils ont d'eux-mêmes sont des mensonges (par exemple Garcin), mais ils les imposent aux autres (par exemple à Inès), et si ces derniers refusent ces tricheries et leur dévoilent la

vérité, ils deviennent de cette manière leur bourreau (Inès pour Garcin et Estelle). Même si ces situations extrêmes de trio infernal, une vie à trois obligatoire, ne se retrouvent pas dans le quotidien, il est intéressant de se demander si on peut appliquer cette phrase d'Inès à notre propre vie.
Malgré le pessimisme apparent de la thèse sartrienne, on pourrait la considérer comme une réelle chance pour avoir des relations authentiques avec les autres, pour sortir de nos habitudes. L'idéal serait de ne pas rester victime (Opfer) du jugement d'autrui porté sur nous. Je suis donc libre de sortir de cet enfer. Peut-être qu'on peut évoquer le milieu scolaire ou familial où les relations peuvent au cours des années également se détériorer (sich verschlechtern). En effet, sans que cela soit nécessaire ou obligatoire, on sait qu'un individu peut devenir un véritable bourreau pour les autres. S'il le désire, il peut, comme Inès pour Estelle et Garcin, faire souffrir les autres.

SOLUTIONS

Les textes dramatiques – Übungsklausur

Devoir 1: (→ p. 95)

Harpagon, l'avare, constate qu'on lui a volé la cassette contenant son argent qu'il avait caché dans le jardin. D'abord, il perd complètement la tête au point de (so sehr, dass) prendre son propre bras parce qu'il croit avoir attrapé le voleur. Puis, il se met à parler à son argent qui est tout pour lui en implorant (anflehen) le voleur de le lui rendre. Ensuite, il veut avoir recours à la police: il veut qu'elle interroge et torture – si besoin est (falls nötig) – tous ses servants, ses enfants et lui-même pour savoir où se trouve l'argent volé et qui l'a volé.

Devoir 2:

L'argent signifie tout pour Harpagon. Il s'adresse directement à l'argent, lui parle en l'appelant mon ‹pauvre› argent parce qu'il a été volé, mon ‹cher ami›, ma ‹consolation›, mon ‹support›, ma ‹joie›. On peut dire qu'Harpagon aime son argent à un tel point, qu'il l'aime comme une personne, comme un être chéri. Par conséquent, il croit ne plus pouvoir se passer (verzichten auf) de cet argent: sans cet argent, il croit mourir! Afin de récupérer son argent, il est prêt à tout: il veut faire interroger et torturer sa famille, il veut faire pendre le voleur. S'il ne retrouve plus son argent, c'est sa propre conclusion, sa vie n'a plus de sens et il préfère mourir!

Devoir 3:

A la ligne 1, le spectateur ne comprend pas tout de suite ce qui s'est passé parce qu'Harpagon parle tout à la fois de *voleur, d'assassin, de meurtrier,* mais à la ligne 2, on comprend le sens de cette énumération, de cette gradation parce qu'elle se répète à l'envers: on l'a assassiné, on lui a coupé la gorge, on lui a dérobé son argent. Quelqu'un lui a volé son argent et pour lui, c'est comme si on l'avait assassiné. Le comique de situation: Harpagon tourne en rond sur scène en se posant beaucoup de questions parfois contradictoires (‹Où courir? Où ne pas courir?›) et en se prenant lui-même pour le voleur *(‹il se prend lui-même le bras›),* montre son désarroi (Verwirrung) dû à la perte de l'argent. Lorsqu'il s'adresse directement à l'argent, le monologue perd un peu son rythme endiablé (hektisch) et se fait plus insistant. Par la personnification de l'argent, par tous les épithètes qu'Harpagon trouve pour caractériser son argent (cher ami, support, consolation, joie), le spectateur comprend qu'Harpagon a établi un rapport maladif avec son argent, qu'il l'aime comme on aime une personne – une femme ou un enfant! La gradation exagérée: ‹je me meurs, je suis mort, je suis enterré› fait rire par son absurdité, mais elle a aussi un côté attendrissant (rührend). Mais dès qu'il continue à détailler son programme de vengeance: il veut torturer tout le monde: ‹servantes, valets, fils, fille et moi aussi› (énumération), le spectateur est amusé et choqué par le manque de mesure de son amour pour l'argent: Il veut tout mettre en œuvre (in Bewegung setzen): *archers, prévôts, juges, gênes, potences* (énumération) pour trouver le voleur et il veut pendre *tout le monde.*

Devoir 4:

Le spectateur sait qu'Harpagon veut marier sa fille à un homme qu'elle n'aime pas, qu'il veut lui-même épouser la belle fiancée de son fils et qu'il a chassé son fils. Il sait également que la cassette a été volée par quelqu'un qui veut s'en servir pour aider les enfants. Ayant – au cours de cette scène – appris à quel point Harpagon adore son argent, le spectateur s'attend à un dénouement heureux du genre: Le valet rend l'argent à Harpagon à condition que celui-ci renonce à Marianne et qu'il permette à sa fille d'épouser l'homme qu'elle aime.

Devoir 5:

Commentaire personnel: Cette phrase de Musset paraît d'abord paradoxale: comment la gaieté peut-elle être ‹triste›? En examinant cet extrait de scène, on est d'abord frappé par le comique de situation et le comique de langue de cette scène et le spectateur s'écroule de rire (schallend lachen) en voyant Harpagon tourner en rond sur scène parce que cela lui rappelle des situations où – lui non plus – il n'a pas gardé son sang-froid dans une situation difficile ou désagréable. Petit à petit pourtant, le spectateur sent monter en lui un certain malaise face à cet homme qui n'aime rien au monde autant que son argent, face à celui qui est prêt à mourir, à faire souffrir ou à tuer sa famille entière pour retrouver son argent! Molière nous brosse le portrait – certes exagéré, mais très réaliste – d'un défaut très grave et très répandu (verbreitet): Il s'agit de l'avarice, de l'incapacité d'un être d'aimer autre chose que ses biens.

SOLUTIONS

LES TEXTES POETIQUES 3

Texte 1

Devoir 1: (→ p. 103)

a) Le rapport entre le titre et le contenu est clair:
Le moi lyrique s'adresse à une jeune femme, Barbara. Il décrit le jour où il l'a connue à Brest et ce qu'elle a fait ce jour-là.

b) **Rappelle-toi Barbara**
Il pleuvait sans cesse sur Brest ce jour-là
Et tu marchais souriante
Epanouie ravie ruisselante
Sous la **pluie**
Rappelle-toi Barbara
Il pleuvait sans cesse sur Brest
Et je t'ai croisée rue de Siam
Tu souriais
Et moi je souriais de même
Rappelle-toi Barbara
Toi que je connaissais pas
Moi qui ne me connaissais pas
Rappelle-toi
Rappelle-toi quand-même ce jour-là
N'oublie pas
Un homme sous un porche s'abritait
Et il a crié ton nom
Barbara
Et tu as couru vers lui sous la **pluie**
Ruisselante ravie épanouie
Et tu t'es jetée dans ses bras
Rappelle-toi cela Barbara
Et ne m'en veux pas si je te tutoie
Je dis tu à tous ceux que j'aime
même si je ne les ai vus qu'une seule fois
Rappelle-toi Barbara
N'oublie pas
Cette **pluie** sage et heureuse
Sur ton visage heureux
Sur cette ville heureuse
Cette **pluie** sur la mer
Sur l'arsenal
Sur le bateau d'Ouessant

Devoir 2: (→ p. 103)

a) Cette réponse n'est pas correcte – Barbara n'est pas le sujet de ce poème.
b) Cette réponse n'est pas fausse, mais très banale et très superficielle (oberflächlich), parce qu'elle ne souligne pas du tout l'appel du moi lyrique (‹Rappelle-toi›).
c) C'est la réponse qui exprime le mieux le contenu de cette partie du poème.
d) Comme pour la réponse b) il faut dire que cette réponse n'est pas fausse mais qu'elle ne saisit pas l'essentiel (das Wesentliche erfassen).
e) Cette réponse relève **un** aspect qui est important: Le moi lyrique remarque Barbara et adresse la parole à Barbara parce qu'elle est amoureuse et heureuse, mais la réponse ne tient pas compte de la plus grande partie du contenu.

Devoir 3: (→ p. 104)

Le moi lyrique se trouve à Brest, au port, et il a le temps d'observer les gens. C'est à ce moment qu'il remarque Barbara. Elle est trempée (klatschnass) parce qu'il pleut, mais elle a l'air heureuse et elle court vers un homme qui l'attend et qui l'appelle. C'est ainsi que le moi lyrique apprend son nom: Barbara.

Devoir 4:

Textbelege: Barbara: souriante, tu souriais, tu marchais épanouie, ravie, ruisselante (2×), ton visage heureux
la pluie: sage et heureuse
la ville: heureuse

DONC: Tout respire le bonheur. Malgré la pluie, Barbara est heureuse, la pluie ne la dérange pas, car c'est une pluie ‹sage et heureuse›. Elle va retrouver l'homme qu'elle aime pour se jeter dans ses bras.

**** Devoir facultatif:*** (→ p. 104)

Barbara: Oui, je me souviens de ce jour-là. J'étais jeune et très amoureuse. Il pleuvait à cordes, c'est vrai, mais je ne m'en rendais pas compte. Je n'avais pas de parapluie et j'étais trempée mais j'étais si heureuse de retrouver mon amant. Il s'était abrité sous un porche et il m'a embrassée. Nous étions heureux et tristes à la fois, car le lendemain il devait partir en bateau – traverser le détroit (Meerenge) d'Ouessant.

Devoir 6: (→ p. 105)

Textbelege: la pluie: une pluie de fer, de feu, d'acier, de sang
une pluie de deuil terrible et désolé
la ville: il n'en reste rien

DONC: Brusquement – dû à la guerre – tout a changé, tout est abîmé. La pluie ‹sage et heureuse› qui n'avait pas pu déranger Barbara s'est transformée en une pluie qui détruit tout parce que c'est la pluie ‹des bombes›. Le langage très poétique et positif de la première partie cède la place (weichen) à un langage dur et cru (derb, gewagt): *quelle connerie, les nuages crèvent.*

Devoir 7:

a) Cette réponse n'est pas correcte – il ne s'agit pas d'une véritable description.
b) Cette réponse est correcte, mais on aurait pu ajouter quelques informations sur cet exemple précis (qui? quoi?).
c) Cette réponse est fausse: elle ne parle pas de l'intention du poème (c'est une sorte de ‹résumé› très banal du contenu).
d) Cette réponse n'est pas fausse, mais beaucoup trop générale.
c) C'est la bonne réponse puisqu'elle saisit l'essentiel.

Texte 2

Devoir 8: (→ p. 109)

Le rapport entre le titre et le contenu de la chanson est très étroit: Le déserteur – c'est la chanson d'un moi lyrique qui s'en va, qui abandonne tout pour ne pas être soldat. C'est la chanson d'un déserteur.

Devoir 9:

… qu'il refuse de partir en guerre parce qu'il a lui-même pu constater les méfaits (hier: negative Folgen) de la guerre. A cause d'elle, il a tout perdu: sa famille, le respect de soi et même son identité. Par conséquent, il s'en va et il va encourager d'autres personnes à faire la même chose que lui, c'est-à-dire à déserter. Il ajoute qu'il est prêt à mourir pour sa conviction (Überzeugung).

Devoir 10: (→ p. 109)

a) Le moi lyrique s'adresse non pas à un individu (le Président) mais à un groupe non-défini: les gens importants. Il leur dit qu'il n'est pas d'accord de partir parce que ‹les guerres sont des bêtises›. Il décrit les souffrances causées par les guerres. Il a pu observer ces souffrances depuis son enfance et par conséquent il dit aux gens de profiter de la vie au lieu de s'entretuer (sich gegenseitig umbringen).

b) La différence entre les deux poèmes est nette: La version définitive appelle à la désertion (Fahnenflucht) alors que la première reste plus vague *(Profitez de la vie, éloignez la misère).* Cet appel à la désertion dans la version définitive est le résultat d'une expérience personnelle du moi lyrique *(on m'a volé ma femme, mon âme, tout mon cher passé)* qui entraîne une ‹décision› alors que dans la première version, le moi lyrique reste plutôt un observateur dont la réaction *(je mendierai ma vie …)* peut surprendre et qui se borne à (sich darauf beschränken) donner des conseils aux autres.

Devoir 11: (→ p. 111)

Le message de la chanson: C'est d'encourager les gens, les jeunes appelés (Wehrpflichtige) à réaliser d'abord que la guerre, c'est l'affaire des grands, c'est-à-dire des hommes politiques et ensuite à ne pas obéir. Lorsque Vian écrit cette chanson, le souvenir de la défaite en Indochine est encore récent (hier: frisch). Des milliers de jeunes sont morts dans une guerre colonialiste non pas pour défendre la patrie mais pour sauver les intérêts économiques de la France et la guerre d'Algérie est imminente (bevorstehen).

Devoir 12:

Les deux auteurs dénoncent la destruction provoquée par la guerre et la souffrance qu'elle cause aux gens. Mais alors que Prévert illustre ce que la guerre peut être dans la vie des gens …, Vian va plus loin: il attaque également ceux qui – à son avis – profitent de la guerre ou qui ne se rendent pas compte des souffrances des gens simples et c'est pourquoi il appelle au refus.

SOLUTIONS

Texte 3

Devoir 13: (→ p. 114)

a) Rapport titre – poème: Il n'y a pas d'amour heureux: C'est aussi le refrain de ce poème – c'est la conviction du moi lyrique qu'il répète au cours du poème comme un leitmotif.

b) Mots et expressions: *Il n'y a pas d'amour heureux, ce qu'il faut de …* (répétitions)
champ sémantique (Bedeutungsfeld) ‹douleur, souffrance›: *étrange et douloureux divorce, désœuvré, incertain, larmes, déchirure, sanglots, pleurs*
…

c) Après la lecture à haute voix: On remarque d'abord le refrain qui souligne la tristesse et la mélancolie du poème. Le poème a également quelque chose de solennel (Feierliches), de pathétique qui est dû à la répétition de la phrase: *Il n'y a pas d'amour heureux.*

Devoir 14: (→ p. 115)

a) C'est dans la troisième strophe qu'il est question de l'amour entre deux êtres humains. Le moi lyrique s'adresse à ‹son bel amour, son cher amour›.

b) aimer qn, ça fait mal – l. 13 ma déchirure; l. 25 il n'y a pas d'amour qui ne soit à douleur; l. 26 meurtri; l. 27 flétri
la vie n'a pas de sens – l. 7 sa vie Elle ressemble à ces soldats sans armes, il faut payer cher le fait d'être un artiste – l. 21 ce qu'il faut de malheur pour la moindre chanson; l. 23 ce qu'il faut de sanglots pour un air de guitare

c) l. 2/3: La croix, symbole de souffrance, montre que même au moment du bonheur, la douleur et la souffrance nous menacent.

d) La strophe 5 est une sorte de résumé. En répétant son affirmation – le moi lyrique souligne sa conviction (Überzeugung): Oui, l'amour fait mal, même celui qu'on éprouve à l'égard de la patrie. La conclusion qu'il en tire peut surprendre: *Mais c'est notre amour à tous deux.* **‹MAIS›** – ça veut dire que même si l'amour fait mal, le moi lyrique est prêt à l'assumer (hier: auf sich nehmen), car c'est l'amour qu'il partage avec l'autre qui les unit.

Devoir 15: (→ p. 115)

Dans ce poème, il est question des souffrances, des pertes, des tentatives vaines (vergeblich) qui marquent la vie d'un homme.

Einleitungssatz

La première strophe commence par une sorte de verdict très dur. Au cours de sa vie, l'homme perd ou détruit tout ce qui lui est cher. La deuxième strophe parle de la vanité (Vergeblichkeit) de tous ses efforts en comparant sa vie à *‹des soldats sans armes›*. La troisième strophe s'adresse à un être aimé et décrit le mélange de douleur et de bonheur causé par l'amour. La quatrième strophe évoque la situation de l'artiste qui doit souffrir pour être capable de créer un chef-d'œuvre. La cinquième strophe est une sorte de résumé des strophes précédentes et un défi (Herausforderung): En dépit de (trotz) toutes les souffrances, le moi lyrique accepte ‹son› amour.

Textwiedergabe

Ce qui frappe dès la première lecture, ce sont les répétitions *(Il n'y a pas d'amour ‹heureux›* 10×), les anaphores (l. 21–23: *Ce qu'il faut …*) et les énumérations *(l. 1/2 Ni sa force ni sa faiblesse ni son cœur), (l. 13 Mon bel amour mon cher amour ma déchirure), (l. 25/26/27 à douleur, meurtri, flétri)* qui rythment le poème et lui confèrent quelque chose de pathétique, de monotone et – surtout par la répétition de la phrase: Il n'y a pas d'amour ‹heureux› –. quelque chose de désespéré. Le choix des images et des comparaisons *(sa vie Elle ressemble à ces soldats sans armes, comme un oiseau blessé)*, des personnifications *(que pleurent nos cœurs … les mots … moururent)* renforcent encore cette atmosphère de tristesse absolue: l'ombre d'un homme qui ouvre ses bras fait penser à une croix– ce qui symbolise la souffrance, au lieu de ‹serrer› le bonheur il le ‹broie›, c'est-à-dire il le détruit au lieu de le sauvegarder (hier: festhalten).

Formanalyse

Ce poème parle de la vie de l'homme et de toutes ses souffrances: Le fait qu'il croit posséder quelque chose est une erreur, il est condamné à perdre ce qu'il aime. Sa vie n'a apparemment pas de sens. S'il veut créer une œuvre d'art, il doit être prêt à souffrir. Et cela est également vrai dans la relation avec sa patrie, les ‹soldats (de la France) n'ont pas d'armes› – ils ne savent donc pas quoi faire *(désœuvrés, incertains)*. Mais la répétition du ‹Il n'y a pas d'amour heureux› attire l'attention du lecteur sur la dernière ligne du poème qui prononce clairement le message du poème. Malgré tout, il faut aimer, il faut créer, il faut lutter pour ce pays, malgré les souffrances, les dangers et les difficultés … donc, il faut p.e. se rallier à la Résistance.

Zusammenfassung/Aussageabsicht

Texte 4

Devoir 16: (→ p. 116)
On s'attend à une chanson plutôt mélancolique dont la mélodie sera douce. Le sujet sera donc l'automne, peut-être parlera-t-on des couleurs, des feuilles mortes qui couvrent le sol.

Devoir 17 b):
Les rimes sont d'abord plates (l. 1 et 2 de chaque strophe), puis embrassées (l. 3 à 6). La composition de ce poème est régulière et souligne par là la monotonie et la nostalgie qui sont en fait les thèmes principaux du poème.
c) Après avoir lu le poème à haute voix, le rythme lent et triste frappe le lecteur. Il ressent déjà une atmosphère de tristesse et de monotonie. Le ton en est grave (ernst). Les assonances en «O» sont caractéristiques dans la première strophe: Les sangl**o**ts l**o**ngs des viol**o**ns de l'aut**o**mne. La dernière ligne de la première strophe résume en un mot l'atmosphère monotone. Les allitérations en «l» soulignent la longueur de ces jours monotones. Le jeu des vers de trois ou quatre syllabes est bien caractéristique de la poésie de Verlaine. «De la musique avant toute chose, Et pour cela préfère l'impair.» *L'Art Poétique* (1874) (voir vocabulaire de base, page 98–101) On peut donc grâce à toutes ses remarques déjà confirmer nos premières hypothèses (voir devoir 16).

Devoir 18 a):
l. 7 étouffant
l. 8/9 quand vient la mort
l. 11 le passé
l. 13 je pars, quitte la vie, meurs

Devoir 19: **Réponses possibles:** (→ p. 117)
a) tristement
b) des éléments sonores, tels que les allitérations et les assonances
c) de nombreux symboles se rapportant à la mort
d) l'angoisse du poète face à la mort sans pouvoir réagir
e) d'angoisse ou même de panique … une musicalité suggestive

Les textes poétiques – Übungsklausur

Devoir 1: (→ p. 121)
Dans la première strophe, Baudelaire parle d'une curieuse habitude qu'ont les marins quand ils s'ennuient. Ceux-ci s'amusent à attraper au vol ces oiseaux. Ils s'amusent à les faire souffrir. **Dans la deuxième strophe,** le poète décrit ces oiseaux, pleins de contrastes: Ils sont beaux et nobles de par nature, maîtres du ciel, mais sur les planches du navire, ils sont maladroits, inactifs puisque leurs grandes ailes les gênent. **Dans la strophe suivante,** le lecteur retrouve d'une part l'opposition déjà signalée dans la strophe précédente (beauté et laideur de l'albatros) et apprend d'autre part que les marins s'amusent, se moquent de ces oiseaux en les observant et les imitant d'une manière cynique. **La dernière strophe** est très importante puisqu'elle compare l'albatros au poète. Le lecteur comprend maintenant la valeur symbolique de L'Albatros: le poète est – s'il n'est pas en train de s'élever (comme un oiseau) grâce à son imagination créatrice – sur le sol, c'est-à-dire dans la société, un homme prisonnier dont on se moque.

Devoir 2:
De nombreux contrastes dans la langue symbolisent deux mondes opposés:

positif	**négatif**
les rois de l'azur	honteux, maladroits piteusement
ailes	avirons, gauche et veule
beau	laid
prince des nuées	exilé au milieu des huées

Devoir 3:
De nombreuses images mettent les contrastes en évidence, les oppositions entre les deux mondes sont nettes:
d'une part le bel albatros et d'autre part l'infirme qui boite.

Le poète est un prince: celui de l'esprit qui peut s'envoler dans ses pensées lyriques et échapper à la méchanceté et au danger. Les hémistiches aux vers 9–10 soulignent cette opposition:

Ce voyageur ailé, comme il est gauche et veule!

Lui, naguère si beau, qu'il est comique et laid!

Il est comme un navire qui glisse au-dessus d'un gouffre, d'un abîme (Abgrund). Cette image correspond à la réalité du poète: Il peut arriver au bonheur, à la Beauté (voir note biographique, page 119), mais aussi au malheur, au gouffre, à la laideur. C'est le contraste entre le vol et la chute.

Devoir 4:

Le poème *L'Albatros* paru en 1859 donne de par son titre l'impression qu'il s'agit ici d'un oiseau, de l'albatros. On sent que le poète l'admire puisqu'il l'appelle le roi de l'azur et plus tard même «prince des nuées».

Zusammenfassung (1., 2., 3. Strophe)

Les trois premiers quatrains décrivent non seulement l'albatros, mais bien plus le comportement plutôt cynique de ces marins qui par plaisir attrapent les oiseaux en pleine mer, les posent sur les planches du bateau et les maltraitent (misshandeln) en leur mettant par exemple une sorte de pipe dans le bec. Nous savons que Baudelaire a fait un voyage aux Indes et qu'il a assisté à tel incident (Zwischenfall) en 1841, ce qui lui fournira le sujet de ce poème célèbre (berühmt).

Biographisches

4. Strophe

Thema

Ce n'est qu'à la quatrième strophe que le lecteur comprend réellement le message de ce poème: la situation de l'albatros est comparable à celle du poète dans la société. Il s'agit donc du destin tragique du poète Baudelaire insiste sur la caractère habituel de cette situation en la décrivant au présent et en commençant son poème par l'adverbe «souvent». Le poète souligne habilement (geschickt) le caractère dangereux de la mer, en effet l'albatros va connaître un destin amer (bitter). Les allitérations en «l» (l'azur, laissent, leurs grandes ailes blanches) et les enjambements (l. 7–8) créent un certain suspense.

Analyse der Form

Mais l'art de ce poème, c'est le principe du contraste, de l'opposition de deux mondes qui ne vont pas ensemble, deux univers incompatibles (unvereinbar):
Les trois premières strophes nous présentent les albatros (l. 2, 3, 6, 7, 8, 9, 10) et les marins (l. 1, 5, 11, 12).
L'oiseau est beau, pur, roi du ciel, le marin est mesquin (armselig) et cynique. L'oiseau ne peut plus voler, ses ailes sont comme des avirons qui traînent par terre. Elles ont perdu leur fonction et ne sont plus que des objets amorphes (schlapp). Les hémistiches des vers 9 et 10 expliquent pourquoi ces oiseaux qui étaient beaux sont maintenant laids et ces «voyageurs ailés» sont maintenant des infirmes boîteux (humpelnde Behinderte).

Interpretation

C'est par l'art de toutes ces oppositions que Baudelaire souligne le destin tragique du Poète. Le Poète est comme l'oiseau. Lorsqu'il est cloué (festgenagelt) au sol, c'est-à-dire au sein de la société, il paraît maladroit et même ridicule parce que les gens ne comprennent pas qu'il est fait pour voler, c'est-à-dire pour penser, pour «créer» une œuvre artistique. Il ne récolte (ernten) qu'incompréhension et intolérance vis-à-vis de sa personne. Le poète est donc privé (beraubt) de sa liberté: ses capacités (Fähigkeit) de poète se perdent au contact de la société, au contact de ce monde borné. Il aspire (streben nach) à l'infini, mais ses aspirations (Bestrebungen) sont troublées par les réalités matérielles, par la cruauté (Grausamkeit) des hommes qui l'humilient (demütigen) et l'agressent (belästigen).

Biographisches

On retrouve une idée chère à Baudelaire (voir note biographique, page 119): Le Poète aspire à l'ideal, mais il est plongé dans le «spleen», ennui mêlé de désespoir (Verzweiflung) et d'angoisse provoqué par ses échecs (Misserfolg).

Persönliche Stellungnahme

On peut vraiment dire que ce poème présente le destin tragique du poète et qu'il est une grande réussite artistique dont on admire la clarté de la composition et entre autres les nombreux contrastes qui sont ici le principe de base.